Découvrez l'histoire par les archives de presse

RETRONEWS

Le site de presse de la BnF

www.retronews.fr

BULLETIN

DE LA

SOCIÉTÉ DE PROTECTION

DES

APPRENTIS

ET DES

ENFANTS EMPLOYÉS DANS LES MANUFACTURES

— RECONNUE D'UTILITÉ PUBLIQUE. —

CINQUIÈME ANNÉE

n° unique

SOMMAIRE

PARIS

AU SIÉGE DE LA SOCIÉTÉ

17, RUE DE L'ABBAYE, 17

HOTEL DE LA SOCIÉTÉ D'ENCOURAGEMENT POUR L'INDUSTRIE NATIONALE.

S'adresser à M. GINESTOU, Agent de la Société,

Tous les jours, de midi à 4 heures.

1871

AVIS TRÈS-IMPORTANT

— ASSEMBLÉE GÉNÉRALE. — ÉLECTIONS. —

Aux termes des articles 5 et 6 des statuts de la Société, les membres du bureau sont renouvelés tous les ans par l'élection, dans une assemblée générale des membres de la Société.

Les événements qui sont survenus depuis le mois d'août 1870 avaient suspendu la publication du Bulletin et empêché la convocation d'une Assemblée générale.

Le BULLETIN reprend sa publication qui, à partir du 1er Janvier 1872, sera mensuelle.

L'Assemblée générale des membres de la Société sera convoquée dans le courant du mois de *décembre*, par lettre spéciale et individuelle adressée à tous les membres.

Dans cette réunion, il sera procédé à des **élections générales**.

ŒUVRES FONDÉES PAR LA SOCIÉTÉ.

En dehors de l'action qu'elle exerce par sa propagande auprès des industriels de toute la France, pour améliorer la condition morale et matérielle des apprentis et des enfants employés dans les manufactures, la Société a fondé un certain nombre d'œuvres spéciales, dont nous croyons utile de mettre la liste sous les yeux de nos lecteurs, en indiquant brièvement leur caractère.

Œuvre des lits d'apprentis.

L'expérience a prouvé qu'une des difficultés du contrat d'apprentissage réside dans la fourniture de la literie; rarement le fabricant veut la prendre à sa charge, et généralement la famille est trop pauvre pour se la procurer. L'*œuvre des lits d'apprentis* fournit une literie complète à tous les enfants qui s'adressent à elle; elle facilite ainsi l'entrée en apprentissage, améliore la condition matérielle de l'apprenti, et empêche souvent que des enfants pauvres et intelligents soient privés de l'apprentissage de métiers qui ont leurs préférences, mais dont cette question onéreuse du coucher les aurait tenus écartés. En même temps, la surveillance qui a pour objet la bonne conservation de la literie de l'enfant, permet d'exercer sur les conditions de son apprentissage tout entier, une action bienveillante qui a les meilleurs effets.

Œuvre des Bibliothèques.

En même temps qu'elle donne des soins à la situation matérielle des enfants, la *Société de Protection* doit veiller avec la plus grande sollicitude à leur développement moral. Il a été constaté que très-souvent les plus louables désirs de lecture sérieuse existaient parmi les apprentis, là où les livres manquaient ou n'existaient qu'en nombre très-insuffisant. L'*Œuvre des bibliothèques*, à l'aide de souscriptions, de dons, etc., recueille ou achète des ouvrages instructifs qu'elle distribue partout où se trouvent des apprentis. Elle a ainsi déjà fondé de nombreuses bibliothèques et répandu plusieurs milliers de bons ouvrages.

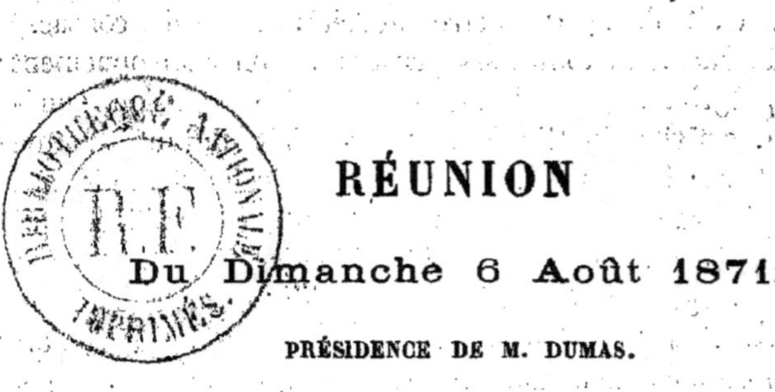

RÉUNION

Du Dimanche 6 Août 1871.

PRÉSIDENCE DE M. DUMAS.

M. le Président de la Société, dès que les circonstances l'ont permis, a réuni, dans une séance préparatoire, les membres des divers bureaux ou comités affectés à chaque service, ainsi que ceux des associations ou sociétés de patronage annexes de la société-mère. Le but de la réunion était de prendre les résolutions nécessitées par les événements que le pays a traversés, de pourvoir provisoirement aux divers services et de prendre date pour une réunion générale.

En conséquence, plus de soixante invitations ont été adressées. MM. Riottot, Marguerin, Dewinck, J. Perin, Monnier, Chagot, Mourceau, Groult, Berthier, Carcenac, H. Lemoine, de Boureuille, Geoffroy Saint-Hilaire, se sont excusés de ne pouvoir assister à la réunion, tout en témoignant de leur vive satisfaction de voir la Société reprendre ses travaux.

La séance a eu lieu le 6 août dans la salle des mariages de la mairie du 1er arrondissement; elle a été ouverte à 2 heures et demie; nous en publions le procès-verbal.

« M. Bérard, secrétaire provisoire, donne lecture du procès-verbal de la séance qui a eu lieu le 8 novembre 1870, pendant le siége de Paris (1).

---

(1) Voir l'annexe du compte-rendu, p. 114.

M. le Président, avant d'ouvrir la discussion sur les sujets à l'ordre du jour, exprime en termes émus et chaleureux les sentiments qu'a fait naître en lui la perte irréparable du regretté secrétaire, M. Barreswil. — M. Barreswil, dit M. le président, était l'âme de notre Société; il avait consacré tout son dévouement, toutes ses pensées à son développement et à ses progrès. Il mettait au service de sa passion généreuse une activité infatigable, ne reculait devant aucune difficulté et savait stimuler sans cesse le zèle de tous nos amis; aussi avait-il réussi à réunir autour de l'idée qui lui était si chère un nombre considérable d'adhérents. La mort de notre collègue a été causée par un dernier acte de dévouement. Il s'était chargé de conduire hors de Paris un grand nombre d'enfants, afin de les soustraire aux privations et aux souffrances du siége. Il a succombé aux fatigues de cette mission.

Ce n'est point seulement par un sentiment de bienfaisance générale, ou par une pensée confuse du devoir des classes élevées envers les enfants voués aux exigences d'un travail journalier, que M. Barreswil avait été conduit à s'occuper des intérêts de notre société. Non ! cette mission lui avait été inspirée par des contacts directs et des observations précises. Comme savant, ses études l'ayant conduit dans les usines et l'ayant initié à tous les détails de la vie des ouvriers, il avait appris, en effet, en se mêlant à leur existence, combien les impressions de l'apprentissage sont profondes et combien leur influence est durable. C'est là qu'il avait souvent saisi dans leur germe ces pensées de haine contre l'état social, qu'il s'était donné le devoir d'extirper et dont on vient de mesurer la profondeur avec autant d'horreur que de douleur. Il s'était demandé s'il n'y avait pas quelque chose de prévoyant et de paternel à faire dans les villes manufacturières, et s'il suffisait d'y ouvrir des écoles publiques et d'y constituer des moyens légaux d'assistance.

Lorsque le Conseil général de la Seine, sur ma proposition, avait décidé enfin la création d'une inspection du travail des enfants dans les manufactures, M. Barreswil était déjà désigné pour occuper ce poste délicat. S'associant aux vues du conseil, il comprit que son devoir n'était pas de signaler les ateliers où les enfants ne recevaient pas tous les soins dus à leur faiblesse, mais surtout de rechercher et de mettre en évidence ceux où les patrons, en acceptant le concours du travail de l'enfant, lui accordaient en échange la surveillance et la protection d'un père vigilant et d'un ami sincère. Sans fermer les yeux sur le mal, il fallait montrer le bien d'abord, appeler chacun à faire son examen de cons-cience par la comparaison et susciter ainsi l'émulation du mieux. Malgré l'immensité de la tâche qu'il s'agissait d'accomplir dans cette industrie du département de la Seine, si vaste et si compliquée, et malgré bien des lacunes sans doute, les rapports annuels soumis au Conseil général et publiés par ses soins, témoignent combien l'esprit de charité avait pénétré pourtant dans ces régions subalternes autrefois si délaissées.

Chaque année, de nouvelles institutions, de nouveaux patrons méritaient d'être signalés à la reconnaissance publique ; chaque année, il est vrai, le flot de la population ouvrière mon-tait et avec elle s'accroissait le nombre des enfants introduits dans les usines, mais aussi la religion, la charité, la philan-thropie, l'intérêt bien compris luttaient de zèle pour leur assurer les soins et la protection nécessaires à leur éducation morale, à leur instruction, à la préservation de leur vie, au développement de leur bien-être et de leurs forces physiques.

Ce mouvement généreux, si naturel à l'esprit de notre nation, devait être connu ; il était utile d'en saisir toutes les nuances ; il était nécessaire de proclamer les méthodes et les procédés qui avaient obtenu les résultats les plus sérieux et les plus durables ; il ne l'était pas moins de mettre l'esprit de charité en garde contre les exagérations systématiques que des maux trop réels ne justifient pas et contre les idées fausses qu'une observation superficielle fait naître dans des esprits plus sin-cères qu'éclairés.

Tel est le but de notre association, et c'est ainsi que prit naissance la pensée de fonder la Société de Protection pour les Enfants employés dans les manufactures. Vous savez le concours qui lui fut accordé de toutes parts et le bien qu'elle a produit dès ses débuts.

Le moment serait-il venu de déserter notre œuvre et de renoncer à l'apaisement des cœurs?

Vous ne le penserez pas. L'âme de ce saint Archevêque qui, pendant sa vie, nous échauffait de sa parole et qui, nouveau martyr de la religion et du devoir, a payé de son sang l'honneur d'avoir siégé dans la métropole de la France, cette grande âme planera sur nos réunions et nous inspirera toujours. La science profonde de l'illustre Prélat, son ardente charité, son amour pour la France et son esprit libéral ouvert à toutes les généreuses pensées, lui avaient inspiré pour notre association une affection sérieuse; il en observait les progrès d'un œil confiant; il y voyait le trait d'union nécessaire entre les familles vouées aux travaux de l'atelier et les familles de la bourgeoisie que d'autres travaux réclament.

L'industrie française, cruellement éprouvée par nos malheurs, n'a-t-elle pas, plus que jamais, besoin de se recruter parmi des enfants accoutumés au respect de Dieu, de la famille et de la loi, à l'amour du travail et au dévouement à la patrie.

Ces sentiments ne peuvent leur être inspirés que par des soins de chaque jour, par les bienfaits et par l'affection. Pour faire pénétrer dans ces masses si faciles à égarer les idées morales, le bon sens, l'esprit d'ordre et le respect du travail, les conseils ne suffisent pas. Il faut des actes. Continuons avec ardeur à les provoquer.

La Société perd quelques-uns de ceux qui avaient le plus effectivement contribué à sa fondation ou à son prestige. Mais les soins qu'elle doit au pays en seront-ils moins nécessaires? Vous ne le croyez pas. Les avertissements ont été durs. Nous avons à songer à l'avenir. Bien des malheurs auraient été détournés peut-être, si notre Société, fondée trente ans plus tôt, avait associé dès-lors les classes élevées aux efforts tentés dans un esprit de charité et de prévoyance en faveur des enfants employés dans les manufactures.

Serrons nos rangs, redoublons de zèle et ne permettons pas que les deuils qui pèsent sur nos cœurs, amenant des défaillances, deviennent une cause de souffrance pour les enfants que nous avions promis de protéger. C'est par les soins nouveaux dont ils seront entourés, sous votre influence, qu'ils apprendront à garder le souvenir et à honorer la mémoire de ceux qui ne sont plus! C'est en acceptant l'héritage des dernières pensées du saint Archevêque et de l'excellent Barreswil, que nous témoignerons de notre respect pour leurs pieux sentiments et que nous répondrons à leurs vœux suprêmes.

La réunion tout entière s'associe aux paroles de M. le Président et décide, sur sa proposition, que l'expression de ses sentiments sera transmise à la famille de l'archevêque de Paris et à Mme Barreswil.

L'ordre du jour appelle la discussion sur le choix de l'époque où doit avoir lieu la prochaine Assemblée générale.

M. le Président exprime l'opinion que les pouvoirs du Bureau doivent être confirmés ou renouvelés par l'élection. La Société fournira ainsi à ses mandataires de nouvelles forces pour la conduire au but qu'elle poursuit. Il demande à la réunion de fixer une époque pour cette convocation.

M. Charles Robert est d'avis que la réunion, pour être nombreuse, doit être faite vers la fin de l'année. — M. le Président appuie cette proposition. La Société, dont l'existence a été pour ainsi dire suspendue, pourra d'ici là donner la preuve de sa vitalité et activer le zèle de tous ses adhérents.

M. le Président appelle ensuite l'attention sur le choix d'un Secrétaire. — Rappelant de nouveau les qualités remarquables et exceptionnelles de M. Barreswil, et la prodigieuse activité de corps et d'esprit qui lui permettait de suffire à lui seul à tous les services, sans négliger cependant les fonctions qu'il remplissa' dans l'Administration publique, il considère comme fort difficile le choix de son successeur. Déjà M. Barreswil, sentant ses forces diminuer, avait songé à proposer à la Société le choix d'un agent destiné à lui venir en aide.

M. le Président propose à la Société, institution naissante, de s'appuyer sur une institution établie, la Société d'Encouragement pour l'industrie nationale, dont le but est très-voisin de celui qu'elle poursuit.

Il fait l'éloge de l'archiviste de cette Société, M. Ginestou; il entretient la réunion des services qu'il a rendus, de son exactitude, de son dévouement, de ses connaissances administratives, de l'esprit d'ordre avec lequel il a conduit l'ambulance instituée par la Société d'Encouragement pendant le siége. M. Ginestou peut rendre à notre association les services les plus sérieux.

M. le Président demande à la réunion d'approuver ses intentions et de lui donner les pouvoirs nécessaires pour attacher M. Ginestou à la Société à titre d'agent, recevant des appointements et chargé d'assister le nouveau Secrétaire que la Société doit élire en séance générale.

La réunion adopte cette proposition.

M. le Président consulte l'Assemblée sur la publication d'un numéro du Bulletin qui lui semble opportune, afin d'attirer sur la Société l'attention en ce moment détournée par de trop légitimes préoccupations.

M. le comte Sérurier croit que cette publication est nécessaire ; la Société affirmera son existence et montrera qu'elle est convaincue de l'utilité et de l'avenir de sa mission.

M. Charles Robert, Vice-Président, appuie cette proposition. Il demande en outre que l'éloge de M. Barreswil soit publié prochainement dans le Bulletin de la Société, et que cette biographie soit l'objet d'un tirage à part destiné à répandre le goût du dévouement à ses semblables et l'influence salutaire des bons exemples.

M. le Président, dit M. Charles Robert, vient de caractériser en quelques mots partis du cœur le rôle de M. Barreswil dans la fondation et les progrès de la Société de Protection. En nous parlant de l'initiative infatigable, de la persévérance à toute épreuve de cet homme de bien, il nous a fait mesurer le vide que sa mort prématurée laisse au milieu de nous!

Il me semble qu'on ne saurait mieux honorer la mémoire de M. Barreswil qu'en le citant comme un modèle pour chercher à lui susciter des imitateurs. Sa modestie, tant qu'il vivait, empêchait de lui rendre ce juste hommage ; car, toujours résolu, comme Franklin dans sa jeunesse, à s'effacer, à dissimuler en quelque sorte les merveilles de son activité incessante, il eût considéré les éloges publics non-seulement comme une gêne, mais comme une sorte d'atteinte portée à la ligne de conduite qu'il s'était marquée d'avance. Libres aujourd'hui de dire la vérité et de porter publiquement sur M. Barreswil un jugement qui soit à la hauteur de ses mérites, ne devrions-nous pas, dans ce Bulletin dont il s'occupait avec tant de sollicitude, publier une relation détaillée de sa vie, faire connaître les travaux de toute nature qui dévoraient son temps et ses forces, et surtout montrer l'ardeur de son zèle pour les enfants de la population ouvrière ? Et, puisqu'on gémit souvent avec raison sur le petit nombre et l'insuffisance des publications populaires capables d'intéresser, d'émouvoir, de réveiller les bons sentiments, pourquoi ne donnerions-nous pas à notre récit le caractère d'une de ces biographies semées d'anecdotes qui racontent familièrement la carrière laborieuse, les efforts, les travaux des hommes utiles? N'a-t-il pas bien gagné cette place d'honneur celui qui, dans un pays où, en général, les hommes riches et influents ne voient pas d'assez près les vicissitudes du travail manuel, avait pour principal souci de rapprocher les cœurs, de faire naître la sympathie, de dissiper la méfiance et les préjugés, de multiplier les rapports, d'entretenir l'harmonie, et de recruter partout, pour les enfants des manufactures, des patrons et des protecteurs considérés, puissants ou illustres! La création d'une société formée, comme le disent vos statuts, pour « améliorer la condition des apprentis et des enfants employés dans les manufactures par tous les moyens qui, en respectant la liberté de l'industriel et l'autorité du père de famille, agiront en conformité de la pensée des lois sur l'apprentissage et le travail des enfants », la propagande passionnée faite sans relâche par ce défenseur des petits ouvriers, si ingénieux, si habile à imaginer pour eux des expédients tutélaires et à découvrir des ressources, enfin cette chaleur d'âme qui, se communiquant de proche en proche, triomphait de l'indifférence la plus rebelle et allumait partout le feu sacré, ce sont des titres éminents à la reconnaissance publique, et les sociétés qui ont pour but la fondation des bibliothèques populaires, la Société Franklin, par exemple, seraient heureuses, j'en suis sûr, d'inscrire le nom de M. Barreswil dans la liste biographique de leurs catalogues!

Mais ce n'est pas tout. Après avoir raconté l'œuvre de M. Barreswil, nous aurons à nous demander ce qu'il faut faire pour la continuer avec succès.

Grâce à la combinaison si avantageuse dont on doit l'idée et la réalisation à M. le Président et que nous avons acceptée tout à l'heure avec autant de satisfaction que de reconnaissance, la Société de Protection aura désormais, dans le local généreusement prêté par la Société d'Encouragement, un agent chargé du travail matériel et de la correspondance courante.

Mais, vous le savez tous, Messieurs, l'agent le plus capable, le plus dévoué, ne suffirait pas pour tenir la place de notre regretté secrétaire! Lui choisir, parmi nos collègues, un successeur semblable à lui serait même difficile; car M. Barreswil est de ceux dont l'héritage, trop lourd pour les épaules d'un seul, doit se partager. C'est à nous tous, Messieurs, qu'il appar tient de le recueillir, et si je garde encore la parole, c'est pour appeler vos réflexions sur ce point important.

Nous perdons M. Barreswil au moment où, par suite des circonstances présentes, la Société de Protection aurait dû pouvoir rassembler toutes ses forces pour accomplir sa tâche, devenue plus difficile et en même temps plus nécessaire que jamais ! La crise actuelle, où la politique ne joue en réalité qu'un rôle secondaire, naît surtout des misères de notre état social, du trouble des idées, de l'ignorance, de l'antagonisme des intérêts et des passions, de la vieille lutte, tour à tour ouverte ou cachée, qui existe entre le capital et le travail et que de perverses influences enveniment à dessein, au lieu de faciliter l'accord, enfin du relâchement ou de l'impuissance, douloureux à constater, des forces morales qui, même en l'absence d'un autre frein, doivent tenir en équilibre les éléments opposés dont le choc conduirait un peuple à l'anarchie et à la ruine. Nous assistons aujourd'hui à un débordement si redoutable du torrent révolutionnaire, à une telle altération du bon sens chez un grand nombre de personnes, à un progrès si marqué de cette épidémie démagogique qui tend maintenant à sortir des grandes villes pour se répandre au dehors, que le doute et l'inquiétude atteignent les cœurs les plus fermes. Quant à nous, Messieurs, nous sommes placés dans une situation particulière et l'hésitation ne nous est pas permise. Loin de moi la pensée de me bercer de vaines chimères et de vous dire que les orages se dissiperont devant nous ! Mais c'est des apprentis que nous nous occupons, c'est-à-dire des générations futures. Laissons donc le découragement passif à ceux qu'alarme le présent et, pour espérer encore et toujours, tournons nos yeux vers l'avenir. Ayons foi dans la puissance de l'éducation, cherchons à faire passer dans l'opinion publique la conviction qui est en nous ! Songeons aux transformations surprenantes que peuvent opérer l'école bien dirigée, l'atelier devenu, lui aussi, un foyer d'influence morale. Relisons les comptes rendus de nos patronages d'apprentis, les rapports de nos Sociétés paternelles. Notre honorable collègue, M. Charles Petit, me disait, il n'y a qu'un instant, que, dans l'industrie des fleurs et plumes, les patrons, groupés autour de la Société paternelle qu'il préside, et rattachés ainsi d'une manière plus étroite aux familles ouvrières, ont traversé avec moins d'amertume et d'angoisses que certains confrères la période néfaste qui a couvert Paris de honte et de sang. N'est-ce pas là un fait dont il serait intéressant de garder le souvenir ?

Que chacun de nous se demande donc ce qu'il pourra faire pour apporter son contingent d'efforts à notre travail collectif. Ceux qui ne pourront contribuer directement ou indirectement à la fondation d'un patronage dans l'une des industries parisiennes qui en sont encore dépourvues, ou à l'une des autres œuvres, lits d'apprentis, inspections volontaires, bibliothèques, etc., pourront aider la Société de Protection, soit en augmentant ses ressources, soit en coopérant à la rédaction du Bulletin par l'envoi de renseignements utiles.

Faisons prévaloir sur les sentiments douloureux qui nous assiégent, les résolutions viriles que le deuil public doit nous suggérer ; reprenons notre activité normale, et nous rappelant l'antique devise : « Fais ce que dois, advienne que pourra, » marchons en avant, sans illusion comme sans faiblesse, dans la voie qui nous est tracée.

La Société, après avoir vivement applaudi à ces paroles, vote successivement les résolutions suivantes, sur la proposition de son Président :

1° L'impression du Bulletin ;

2° La publication d'un tableau des services que la Société a rendus en quatre années d'existence ;

3° La publication d'une biographie de M. Barreswil.

M. Bérard réclame ensuite un vote de la réunion pour le choix d'un Secrétaire provisoire. Déjà chargé des recettes de la Société, et maintenant de sa gestion financière, depuis qu'elle a été retirée des mains de M. Prieur de la Comble, il demande à être relevé d'un travail au-dessus de ses forces. — Il s'estimerait heureux si M. Delerot pouvait, au moins provisoirement, accepter ces fonctions.

La Société décide que MM. Bérard et Delerot seront ensemble chargés provisoirement des fonctions de Secrétaires.

M. Bérard fait ensuite, sur l'invitation de M. le Président, l'exposé de la situation financière.

Tous les comptes de la Société ont été payés. Pendant les

deux siéges de Paris, la perception des cotisations a été presque nulle. Elle a donné seulement :

Revenu des obligations	580 fr.
(Juillet 1870, janvier et juillet 1871) .	1.845
Don de M^ue Delaporte	500
Total . . .	2.925 fr.

M. LE PRÉSIDENT annonce, en effet, que M^ue Delaporte, artiste du gymnase, actuellement à Saint-Pétersbourg, vient, dans son inépuisable bienfaisance, d'offrir à la Société dont elle est membre, une somme de 500 francs. Il pense que la réunion s'associera avec empressement et reconnaissance aux remercîments qu'il compte adresser à cette occasion à la généreuse artiste, qui ne cesse, au milieu des faveurs d'un légitime succès, de songer aux malheurs de son pays, et dont la sympathie touchante, s'adressant aux enfants employés dans l'industrie, appellera sur eux, nous l'espérons, de nouveaux bienfaits et de nouvelles sollicitudes.

La réunion approuve cette démarche par un vote unanime.

La séance est levée à 4 heures.

ANNEXE DU COMPTE RENDU
DE LA RÉUNION DU 6 AOUT 1871.

Procès-verbal de la Réunion du 8 novembre 1870.

Le 4 novembre 1870, M. le Président de la Société fut prévenu inopinément, par une lettre de M. Sautton, syndic, adressée à M. Barreswil, que M. Prieur de la Comble, trésorier de la Société et banquier à Paris, était en liquidation, devant le Tribunal de commerce.

En l'absence de notre secretaire M. Barreswil, parti de Paris au moment de l'investissement pour accompagner un grand nombre d'enfants employés dans nos manufactures, qu'il voulait soustraire aux privations du siége, M. Bérard, secrétaire de la Commission des recettes, fut chargé d'assister à la réunion des créanciers qui eut lieu le lendemain, 5 novembre.

Il apprit dans cette réunion que le dépôt du bilan de M. Prieur de la Comble avait eu lieu à la date du 28 octobre 1870, et que la liquidation, d'après un exposé qui fut communiqué, serait loin d'être favorable aux intérêts engagés.

Les créanciers, après avoir manifesté leur surprise d'un événement que ni les actes, ni la situation de M. Prieur de la Comble ne pouvaient faire prévoir, et leur peu de disposition à lui accorder un concordat, nommèrent des syndics pour effectuer la liquidation.

En même temps, M. le Président convoquait au plus bref délai, les membres du Comité judiciaire et du Comité des dépenses alors présent à Paris.

La réunion eut lieu à l'Hôtel-des-Monnaies, le 8 novembre.

MM. Fouchet frères, qui y assistaient, communiquèrent les notes qui se trouvaient entre leurs mains, sans vérifier l'exactitude du compte de la Société fourni par M. Prieur de la Comble, et établirent ainsi la situation en présence de cette maison de banque. Cette situation peut se résumer en ces termes :

Au moment de la liquidation, M. Prieur de la Comble avait en caisse :

1° — 82 obligations du chemin de fer de Paris-Méditerranée, formant le capital de la Société ;

2° — Une somme de 7,086 fr. 88 c. dont une portion était destinée à acheter 18 obligations de la même Compagnie.

Cette acquisition avait été décidée par MM. Barreswil et Fouchet, approuvée par M. le président, et avis en fut donné le 21 juillet 1870 à notre trésorier. Les circonstances étaient, en effet, favorables; les obligations de Lyon (1866) étaient tombées du cours de 330 à celui de 305, mais le 22 juillet les cours reprirent de la faveur et atteignirent 325. L'achat n'eut donc malheureusement pas lieu.

Il résulte de l'étude des comptes et des communications de MM. Fouchet que la Société percevait un intérêt sur les sommes en dépôt chez M. Prieur de la Comble. Notre créance n'avait donc pas la qualité d'un dépôt, elle se trouvait comprise à l'actif de la liquidation.

Il fut alors décidé dans la réunion :

1° — Que M. Bérard serait chargé de retirer les titres des 82 obligations appartenant à la Société ;

Ils furent en effet remis à M. Bérard par M. Sautton, syndic, en deux titres mominatifs, l'un de 65, l'autre de 17 obligations.

Il fut reconnu sur ces titres que les coupons d'intérêts de juillet 1870 n'avaient pas été touchés.

2° — Que M. Froger de Mauny, membre du Conseil judiciaire présent, serait chargé de suivre la liquidation et de surveiller les intérêts de la Société, jusqu'à la levée du siége de Paris, et la confirmation de ses pouvoirs;

3° — Qu'un procès-verbal de la réunion serait dressé dans le but de faire connaître à la Société des faits aussi graves, dès que des circonstances moins malheureuses permettraient sa réunion.

Paris, le 20 novembre 1870.

Vu et approuvé :

DUMAS.   BÉRARD.

FOUCHET.   FROGER DE MAUNY.

DEUX NOUVEAUX PROJETS DE LOI.

Le problème du travail des enfants est tellement important et il est si bien un de ceux dont la solution est considérée comme ne pouvant attendre, qu'il a déjà attiré l'attention de l'Assemblée nationale. Deux propositions de loi relatives à cet objet ont été déposées sur le bureau de l'Assemblée. Elles viendront sans doute en discussion à la reprise de la session. Nous tiendrons nos lecteurs au courant de tous les incidents de cette discussion législative. Dès aujourd'hui, nous donnons le texte des deux propositions.

PROPOSITION DE LOI.

SUR LE TRAVAIL DES ENFANTS DANS LES MANUFACTURES,

Présentée par M. JOUBERT (AMBROISE), *Membre de l'Assemblée nationale.*

ARTICLE PREMIER. — Les enfants au-dessous de dix ans ne pourront être employés à aucun travail industriel dans les usines, manufactures et ateliers de tout genre.

ART. 2. — Jusqu'à ce qu'ils aient atteint l'âge de quatorze ans, les enfants ne pourront pas être soumis à un travail industriel d'une durée effective de plus de six heures par jour.

ART. 3. — Les patrons qui emploieront des enfants dans leurs ateliers, sont tenus de leur donner une instruction primaire convenable ou de s'assurer que ces enfants fréquentent régulièrement les écoles primaires de la commune.

ART. 4. — L'exécution de la présente loi est confiée aux soins des Inspecteurs de l'enseignement primaire, qui, en cas de contravention, devront saisir le Parquet de l'arrondissement·

ART. 5. — Toute infraction à la présente loi sera punie d'une amende de 50 francs; en cas de récidive, elle pourra être élevée à 100 francs, et dans tous les cas, le tribunal pourra ordonner la publication de son jugement dans un ou plusieurs journaux de la localité.

AMENDEMENT.

A LA PROPOSITION DE M. JOUBERT, SUR LE TRAVAIL DES ENFANTS DANS LES MANUFACTURES,

Présenté par MM. le Comte de MELUN, Eugène TALLON, LEFÉBURE,
Membres de l'Assemblée nationale.

CONTRE-PROJET.

Reprise du projet relatif au travail des enfants, des adolescents, des filles et des femmes employés dans les manufactures, les fabriques, les usines, les chantiers, les ateliers et les mines, présenté par M. Heurtier au Conseil d'État, le 25 février 1868.

SECTION PREMIÈRE.

Travail industriel. — Age pour l'admission. — Durée du travail.

ARTICLE PREMIER. — Les enfants, les adolescents, les filles et les femmes ne peuvent être employés dans les manufactures, usines, fabriques, chantiers et ateliers, que sous les conditions déterminées par la présente loi.

ART. 2. — Les enfants des deux sexes ne peuvent y être admis avant l'âge de huit ans révolus.

De huit à treize ans révolus, ils ne peuvent être occupés à un travail de plus de 6 heures sur 24, divisées par un repos.

Ce travail ne peut avoir lieu que de 5 heures du matin à 8 heures du soir.

ART. 3. — Les enfants de treize à seize ans révolus ne peuvent être employés à un travail de plus de 10 heures par jour sur 24, divisées par un repos. Ce travail ne peut avoir lieu que de 5 heures du matin à 9 du soir.

ART. 4. — Les filles et les femmes, quel que soit leur âge, ne peuvent être assujetties à un travail effectif de plus de 11 heures par jour; ce travail ne peut avoir lieu que de 5 heures du matin à 9 heures du soir.

ART. 5. — Par dérogation au dernier paragraphe des deux articles précédents, les ouvriers et ouvrières âgés de plus de treize ans pourront, en cas de chômage résultant de circonstances de force majeure, travailler entre 9 heures du soir et 5 heures du matin, mais seulement pendant la première nuit qui suivra la reprise du travail.

ART. 6. — Dans les verreries, les hauts-fourneaux, les forges, les fonderies de fer ou autres métaux, et, en général, dans les usines à feu continu, il est interdit d'employer des enfants au-dessous de l'âge de dix ans accomplis.

Les enfants âgés de quatorze ans révolus peuvent travailler entre 9 heures du soir et 5 heures du matin, mais ils ne peuvent être employés pendant deux nuits consécutives.

SECTION II.
Des obligations en ce qui concerne l'instruction primaire.

Art. 7. — Nul enfant ayant moins de treize ans révolus ne peut être admis qu'autant que ses parents ou tuteur justifient qu'il fréquente actuellement une école publique ou privée.

Tout enfant admis doit, jusqu'à l'âge de treize ans accomplis, suivre une école pendant deux heures par jour, au moins.

Art. 8. — Les adolescents âgés de plus de treize ans, sont tenus de suivre une école publique ou privée, à moins qu'ils ne justifient, par un certificat délivré par l'instituteur et visé par le maire, qu'ils ont reçu pendant trois ans l'instruction primaire élémentaire.

S'ils ont reçu cette instruction pendant moins de trois ans, ils doivent suivre l'école pendant le temps nécessaire pour compléter les trois années.

SECTION III.
Du travail dans les mines, minières et carrières souterraines.

Art. 9. — Aucun enfant ne peut être admis dans les travaux souterrains des mines, minières et carrières souterraines, avant l'âge de treize ans révolus.

A partir de cet âge, l'adolescent peut être soumis à la même durée de travail que le poste d'ouvrier auquel il est attaché; mais, jusqu'à l'âge de seize ans révolus, il ne peut être employé pendant deux nuits consécutives.

Les dispositions de l'article 8, en ce qui concerne l'instruction primaire, lui sont applicables.

Art. 10. — Les filles et les femmes ne peuvent, quel que soit leur âge, être admises comme ouvrières dans les travaux souterrains. Néanmoins, celles qui y sont actuellement employées pourront continuer à y travailler pendant deux ans, à partir de la promulgation de la présente loi.

SECTION IV.
Dispositions communes aux travaux de l'industrie et des mines, minières et carrières souterraines.

Art. 11. — Les ouvriers au-dessous de seize ans accomplis ne peuvent être chargés du maniement des treuils ou manéges, ni du service des pompes et des manéges à vapeur.

Les ouvriers des deux sexes au-dessous de cet âge ne peuvent être employés à aucun travail les dimanches et fêtes reconnues par la loi.

Art. 12. — Il est interdit de les employer avant l'âge de seize ans révolus :

1° Dans les fabriques de poudre, de fulminates, d'amorces fulminantes de pièces d'artifices, et dans les ateliers où on manipule les matières précédentes ou toutes autres, susceptibles comme elles de faire explosion par le choc ou par l'approche d'un corps enflammé;

2° Dans les usines pour la fabrication, la distillation ou la manipulation en grand des huiles de pétrole ou de schiste, des résines, de l'éther, de la benzine et autres substances qui, comme les précédentes, peuvent émettre dans l'atmosphère des ateliers des vapeurs qui la rendent explosible ou dangereuse;

3° A la manipulation des substances corrosives ou vénéneuses;

4° A l'aiguisage ou polissage des objets en métal, ainsi que des verres ou cristaux sur la meule;

Au battage ou grattage à sec des plombs carbonatés dans les fabriques de céruse;

Au grattage à sec d'émaux à base d'oxyde de plomb dans les fabriques de verre dit mousseline;

A l'étamage des glaces;

A la dorure au mercure;

Et généralement à toutes les opérations où, comme dans les précédentes, l'ouvrier est exposé à des émanations préjudiciables à la santé.

Art. 13. — Les ateliers doivent être dans un état constant de propreté, convenablement ventilés et blanchis à la chaux dès qu'il en est besoin. Dans les usines mues par l'eau ou par la vapeur, les roues, les courroies, les engrenages, tout appareil, en un mot, qui peut être une cause de danger, sera séparé des ouvriers par une clôture qui n'en permettra l'accès que pour les besoins du service.

Art. 14. — Il doit être pourvu par les chefs d'établissement à tout ce qui concerne le maintien des bonnes mœurs et de la décence publique.

Les sexes seront séparés toutes les fois que la mesure sera possible.

Tout mauvais traitement, tout châtiment abusif sont interdits.

Art. 15. — Des décisions ministérielles détermineront, suivant les circonstances, les travaux indispensables à tolérer de la part des enfants et des adolescents, les dimanches et fêtes, dans les usines à feu continu et le laps de temps pendant lequel ils devront être exécutés.

Art. 16. — L'article 9 de la loi du 4 mars 1851 sur l'apprentissage est modifié en ce sens que la durée du travail des apprentis sera la même que celle fixée par les articles 2 et 3 de la précédente loi, suivant les limites d'âge qui y sont déterminées.

SECTION V.

Police. — Inspection.

ART. 17. — Les maires sont tenus de délivrer au père, à la mère ou au tuteur un livret sur lequel sont portés les nom et prénoms de l'enfant ou de l'adolescent, la date et le lieu de sa naissance, son domicile, et le temps pendant lequel il aura suivi l'enseignement primaire.

Les chefs ou patrons inscrivent sur le livret la date de l'entrée dans l'établissement et celle de la sortie ; ils doivent également tenir un registre spécial, sur lequel sont inscrites toutes les indications mentionnées au présent article.

ART. 18. — Les chefs d'établissement sont tenus de faire afficher, dans chaque atelier, les dispositions de la présente loi et des règlements d'administration publique relatifs à son exécution. Les règlements intérieurs concernant les heures de travail et de repos, ainsi que les conditions du travail entre 9 heures du soir et 5 heures du matin, seront également affichés.

ART. 19. — Pour assurer l'exécution de la présente loi, il sera nommé par le Gouvernement quatre Inspecteurs généraux et seize Inspecteurs divisionnaires. Ces Inspecteurs, salariés par l'Etat, exerceront leur surveillance sur les parties du territoire qui leur seront assignées, conformément au tableau ci-annexé, lequel ne pourra être modifié que par un règlement d'administration publique.

ART. 20. — Les Inspecteurs ont entrée dans tous les établissements manufacturiers. Ils peuvent se faire représenter le registre prescrit par l'article 17, les livrets, les règlements intérieurs, les enfants et adolescents eux-mêmes, et, au besoin, se faire accompagner d'un médecin.

Les contraventions seront constatées par leurs procès-verbaux, qui feront foi jusqu'à preuve contraire.

Lorsqu'il s'agira de travaux souterrains, les contraventions seront constatées concurremment par les inspecteurs ou par les garde-mines.

SECTION VI.

Pénalités.

ART. 21. — En cas de contravention à la présente loi ou au règlement d'administration publique rendu pour son exécution, les propriétaires ou exploitants des établissements seront traduits devant le juge de paix du canton et punis d'une amende de simple police qui ne poura excéder 15 francs.

Les contraventions qui résulteront, soit de l'admission d'enfants au-dessous de l'âge, soit de l'excès de travail, donneront lieu à autant d'amendes qu'il y aura d'enfants indûment admis ou employés, **sans** que ces amendes réunies puissent s'élever au-dessus de 200 francs.

S'il y a récidive, les propriétaires ou exploitants des établissements seront traduits devant le Tribunal de police correctionnelle et condamnés à une amende de 16 à 100 francs.

Dans les cas prévus par le paragraphe second du présent article, les amendes réunies ne pourront jamais excéder 500 francs.

Il y a récidive lorsqu'il a été rendu contre le contrevenant, dans les douze mois précédents, un premier jugement pour contravention à la présente loi ou aux règlements d'administration publique rendus pour son exécution.

L'affichage du jugement pourra, suivant les circonstances, être ordonné par le Juge de paix ou par le Tribunal de police correctionnelle.

SECTION VII.

Institution d'une Commission permanente.

Art. 22. — Une Commission permanente est établie auprès du Ministère de l'agriculture, du commerce et des travaux publics. Cette Commission, nommée par le Président de la République est chargée :

1° De pourvoir à l'application vigilante et uniforme de la précédente loi ;

2° De diriger, par ses conseils et par ses instructions, qu'elle soumet au Ministère, les travaux des Inspecteurs généraux et divisionnaires, de développer la puissance morale de l'inspection, et, en tous cas, d'en assurer l'efficacité ;

3° De donner son avis sur les règlements à faire et généralement sur toutes les questions intéressant les travailleurs protégés ;

4° Enfin, d'établir des Comités de patronage dans les localités manufacturières où elle le jugerait utile.

Art. 23. — Chaque année, le Président de la Commission présente au Président de la République un rapport sur le résultat de l'inspection et sur les faits relatifs à l'exécution de la présente loi.

Dispositions finales.

Art. 24. — La présente loi ne sera obligatoire que six mois après sa promulgation.

À l'expiration des six mois, la loi du 22 mars 1841 sera **abrogée**.

LES ENFANTS DE L'INDUSTRIE

ÉMIGRÉS DE PARIS PENDANT LE SIÉGE.

Les souffrances endurées par les enfants de notre industrie pendant l'invasion allemande, ne forment pas un des chapitres les moins douloureux et les moins instructifs de l'histoire de la dernière guerre. Nous communiquerons à nos lecteurs plusieurs des faits et des récits qui nous sont parvenus à ce sujet. Ce sont des documents utiles, même pour l'histoire générale, et ils prennent de droit une place dans cette grande et continuelle enquête sur la situation de notre enfance ouvrière, qui reste ouverte dans ce *Bulletin*, dont nous reprenons aujourd'hui la publication pour la continuer régulièrement.

Nous commencerons cette série de récits en racontant les vicissitudes par lesquelles a passé la colonie d'enfants qui, le 18 septembre 1870, prit le dernier train qui emmenait des voyageurs et put quitter Paris, grâce aux actives démarches faites par notre cher et regretté M. Barreswil, avec ce zèle ardent qui le rendait si précieux à tous ceux sur lesquels se portait sa sympathie toujours si ingénieusement secourable.

Dès que les événenents militaires de la frontière avaient fait pressentir que Paris aurait à subir un siége, M. Barreswil avait conçu la pensée de faire sortir de la ville tous les enfants employés dans les ateliers et dans les manufactures. Il aurait même voulu qu'on fît sortir les malades et les vicillards que renferment les hospices. Pour l'enfance, pour la vicillesse, pour les malades, les privations et les souffrances du siége devaient être, en effet, bien plus pénibles, bien plus meurtrières que pour toute autre partie de la population, et il aurait été facile d'installer et de loger tous ces émigrés, si sûrs d'exciter la pitié, dans les établissements de charité publics et privés du reste de la France. Un appel fait à ces établissements par le Gouvernement aurait été aussitôt entendu, et non-seulement on aurait ainsi épargné bien des souffrances et abaissé le chiffre de la mortalité, mais on aurait diminué la population de Paris sans lui enlever une force pour la défense. Les habitants qui avaient pour devoir de rester, de lutter et de souffrir n'auraient pas eu à ajouter à leurs propres souffrances la douleur d'être témoins

des angoisses de créatures faibles et inutiles. — On reconnaît
bien dans cette pensée une de celles qui étaient si familières à
M. Barreswil : elle était en même temps d'un cœur excellent
et d'un bon citoyen. Malheureusement, dans cette circonstance
comme dans tant d'autres, M. Barreswil n'avait pas en main la
puissance nécessaire pour mettre rapidement à exécution ses
projets, et il en fut de celui-là comme de tant d'autres qu'il
avait conçus, il ne fut pas réalisé. On sait d'ailleurs dans quel
trouble profond étaient alors et les esprits et les choses.
M. Barreswil, après bien d'autres démarches, eut, vers le milieu
de septembre, l'idée de s'adresser au Ministre de l'Instruction publique. M. Jules Simon fut très-frappé et très-ému
des paroles de M. Barreswil, et il fit immédiatement tout
ce qui était en lui pour aider à la réalisation d'un projet auque
il tenait à cœur de s'associer. Il donna à M. Barreswil une
lettre le recommandant à tous les représentants de l'adminis
tration de l'instruction publique et des cultes dans les dépar
tements, lui confiant la mission expresse de faciliter l'émigratior
des orphelins et orphelines, et de faire une enquête sur la
situation des enfants de l'industrie dans les pays envahis par
l'ennemi. En effet, M. Barreswil ne s'était pas préoccupé seulement des enfants de l'industrie parisienne; il avait pensé aussi
aux enfants des manufactures et des ateliers des provinces enva-
hies; il avait pensé aux provinces du Nord, à l'Alsace, à la
Lorraine, et après avoir mis en sûreté les enfants de l'industrie
qu'il aurait voulu enlever aux souffrances du siége de Paris, il
se proposait de parcourir tous les pays occupés, pour y continuer la même œuvre, pour s'y faire le défenseur des intérêts
de l'enfance ouvrière, pour y adoucir, dans les villes manufacturières, les misères qu'il savait devoir être rapidement si
cruelles, au milieu d'un chômage qui se compliquait d'exac-
tions et de pillages frappant sur les plus pauvres comme sur les
plus riches.

Cette œuvre, M. Barreswil ne put, hélas, que la commencer :
ses forces, déjà épuisées au début, lui manquèrent pendant qu'il
la poursuivait au prix de fatigues qu'il savait très-bien ne pas
être en état de supporter longtemps. Mais il voulait, lui aussi,
donner sa vie pour son pays, dont les désastres l'accablaient et
le désespéraient, et ne pouvant servir par les armes, il exposa
et sacrifia son existence au service de cette charité qu'il avait

pour ainsi dire créée par l'élan tout nouveau qu'il lui avait donnée en France : la charité pour les enfants des ateliers industriels.

La lettre et la recommandation de M. Jules Simon, qui devaient être très-utiles hors de Paris, ne pouvaient rien pour décider à Paris même le départ de la colonie considérable que M. Barreswil aurait voulu conduire au loin. Le temps cependant s'écoulait, et l'armée ennemie allait former autour de Paris un cercle infranchissable. Il fallait partir ou renoncer à l'œuvre et à la mission dont M. Jules Simon avait si bien senti l'importance. Et cependant le 18 septembre, M. Barreswil n'avait pu réunir autour de lui que les enfants de deux ateliers sur lesquels il avait une action directe : l'atelier de cigarières de Mme Lekime (rue de Charenton) et l'atelier de brunisseuses de Mme Cohadon (rue Charlot), en tout 75 jeunes ouvrières.

Nous avons déjà, dans le *Bulletin*, parlé à diverses reprises de ces ateliers. La *Société de Protection* avait été amenée plusieurs fois à prêter son appui à ces fondations, dont il n'est pas inutile de rappeler la valeur.

La *Société de Protection*, depuis qu'elle existe, a toujours considéré comme un de ses moyens d'influence les plus féconds et les plus efficaces la création d'établissements destinés spécialement à l'enfance ouvrière et *pouvant servir de types*, pour montrer comment on doit secourir les enfants de l'industrie dans les situations si diverses où on les rencontre. Ces situations, on le sait, sont on ne peut plus variées; il faut donc, pour les améliorer, recourir à des procédés à la fois très-souples et très-multiples. Ce n'est pas par une mesure unique et par une méthode uniforme que l'on triomphera de difficultés qui se présentent sous les aspects les plus opposés. — Tantôt, par exemple, l'enfant peut vivre dans sa famille, et alors, la loi n'a qu'à organiser soigneusement dans l'atelier et dans l'école un système sérieux de contrôle qui assure à l'enfant le temps nécessaire à la fois et à son travail d'apprenti et à son travail d'écolier. Tantôt, au contraire, il n'y a aucune possibilité ou aucun intérêt matériel ou moral pour l'enfant à vivre avec ses parents, et alors il faut organiser pour l'enfant un système d'existence qui, dans la mesure du possible, tienne lieu du foyer. Ainsi naissent sous diverses formes les *internats manufacturiers* et les *pensions d'apprentis* qui, bien administrés, peuvent rendre les plus éminents services aux enfants dont la destinée court les risques les plus dangereux et pour eux-mêmes et pour la société tout entière.

M. Barreswil s'efforçait de susciter la création de ces établissements, et il s'attachait à en maintenir plusieurs à l'état d'établissement modèles, que la *Société de Protection* pouvait donner en exemple et en imitation aux industriels et aux hommes charitables qui recherchent des moyens propres à améliorer l'avenir des classes ouvrières.

Les deux ateliers Cohadon et Lekime étaient, en septembre 1870, deux de ces établissements dans lesquels M. Barreswil voyait des types futurs dont il aurait tiré le plus grand parti pour la propagande entreprise par la *Société de Protection*. Transporter hors de Paris, pendant le siége, les ouvrières de ces ateliers, c'était non-seulement les garantir du dénûment absolu qui les attendait, mais c'était aussi diminuer les chances de disparition d'œuvres qui avaient été fondées au prix des plus grands sacrifices. Les directrices de ces ateliers étaient dans la nécessité absolue de renvoyer leurs ouvrières chez leurs parents, et pour presque toutes, cette décision inévitable aurait eu pour résultat de les mettre littéralement dans la rue.

Soixante-quinze ouvrières furent donc réunies en un groupe d'émigration et sortirent de Paris, au bruit de la canonnade, pour aller en province chercher un nouvel asile. Les Prussiens tirèrent au passage sur le train qui emmenait cette colonie industrielle, guidée par notre Secrétaire et par quelques femmes au cœur dévoué.

Le lendemain, à trois heures du matin, on arrivait au Mans.

Grâce à l'appui de M. Jules Simon, les deux ateliers trouvèrent aussitôt un asile dans le lycée du Mans, alors inoccupé. Le proviseur, M. Alliou, se fit un devoir d'installer les jeunes exilées avec les plus grands soins, et il fut aidé dans ces soins de bienveillante hospitalité par Madame Alliou, qui eut pour toute la colonie, et en particulier pour les dames directrices, les attentions les plus délicates.

Mais le lycée du Mans ne pouvait être qu'une station de quelques jours : il était destiné à servir de caserne aux gardes mobiles. M. Barreswil obtint une audience de l'Évêque du Mans, lui exposa la situation des jeunes émigrantes, et lui demanda de vouloir bien prendre leur sort en ses mains. L'Évêque répondit avec une grâce parfaite qu'il obéirait toujours avec reconnaissance à toutes les réquisitions de ce genre, faites au nom de la charité, et il indiqua immédiatement une maison religieuse de son diocèse, située à Ruillé-sur-Loir, et où l'atelier Cohadon serait reçu pendant toute la durée de son exil.

Quant à l'atelier de cigarières de Mme Lekinie, il y avait espérance de l'installer à Nantes, où existe une manufacture de tabacs.

La colonie, dès lors, se sépara en deux groupes.

Dès le 22, l'atelier des brunisseuses quitta le Mans. M. Alliou les accompagna au chemin de fer, les aida dans un départ alors toujours difficile, et jusqu'au dernier moment, montra pour ses jeunes protégées la même bienveillance empressée.

Les incidents ne manquèrent pas sur la route. A la station de Dissay, où il fallut attendre longtemps les voitures qui devaient conduire à la maison de Ruillé-sur-Loir, le village s'intéressa pour ainsi dire tout entier à cette émigration des petites ouvrières parisiennes; sous la direction du curé, des vivres furent apportés en abondance par des sœurs et par des habitantes. Sur tout le parcours l'accueil fut le même; partout le passage de ces enfants chassés de Paris par le siége excita les sympathies et l'émotion la plus vive.

L'accueil fut aussi chaleureux à Ruillé-sur-Loir. La supérieure générale de la maison religieuse, l'aumônier, les supérieures reçurent les petites brunisseuses dans une maison récemment acquise et qui avait été disposée la veille pour recevoir les exilées.

Là, du 23 septembre 1870 au 17 juin 1871, les vingt ouvrières et leur directrice furent entourées des soins les plus affectueux; pendant neuf mois, elles furent logées, nourries et instruites avec la plus persévérante bonté. L'évêque vint faire une visite à ses protégées; le maire les visita également, et elles reçurent des marques de bienveillance de la population tout entière.

Un seul jour elles ressentirent les atteintes de la guerre : le 8 janvier, à 7 heures du soir, un détachement de Prussiens envahit le couvent; mais ils ne firent que passer; le lendemain matin ils repartirent. Grâce à la fermeté et à la bonne contenance gardées par Mme Cohadon, les chambres occupées par les jeunes filles furent respectées. Le lendemain, on entendit le canon dans les environs; la supérieure, pour plus de sûreté, fit rentrer les jeunes ouvrières dans l'intérieur même du couvent; mais les Prussiens ne revinrent pas.

Ce fut la seule journée inquiétante pendant le séjour de l'atelier Cohadon dans cette maison si hospitalière. Le 17 juin 1871, l'atelier repartit pour Paris, où il retrouva immédiatement des commandes, se reconstitua et reprit ses excellentes habitudes. Dès son retour, des leçons ont été données le soir aux jeunes ouvrières par des institutrices de Charité, qui ont eu à cœur de continuer les traditions créées dans cet atelier sous les auspices de M. Barreswil.

La *Société de Protection* tiendra certainement à témoigner toute sa reconnaissance à l'évêque du Mans, au proviseur du lycée du Mans, et aux généreuses directrices de la maison de Ruillé-sur-Loir. Grâce à ce concours de bonnes volontés, un des groupes d'enfants de l'industrie parisienne auxquels la *Société de Protection* porte le plus d'intérêt a échappé presque entièrement aux souffrances qui ont frappé si cruellement et souvent décimé les enfants restés à Paris.

L'atelier de cigarières dirigé par Mme Lekime, et formant le second groupe d'émigration, n'eut pas cette destinée relativement si paisible ; il fut exposé à beaucoup plus de vicissitudes.

(La suite au prochain bulletin.)

COMPTES RENDUS DES COMITÉS

COMITÉ JUDICIAIRE (1).

(M. Jules PÉRIN, *Secrétaire*).

Extrait des procès-verbaux des séances mensuelles.

Le *Comité judiciaire*, — nous devons le reconnaître et lui en savoir le plus grand gré, — n'a jamais perdu de vue, autant que les événements de 1870-1871 lui en ont laissé la latitude, la mission qu'il s'était imposée ; son fonctionnement n'a jamais été complétement suspendu, les membres qui le composent ont

---

(1) Voir, sur la formation de ce Comité : *Bull. Soc. prot. Enf. manuf.*, II (1868), p. 10 et 321-322 ; et sur sa composition : *Bull.*, III (1869), p. 213.

Les Comptes rendus de ce Comité ont été publiés : *Bull.*, III (1869), p. 213-217 et 406-409 ; et IV (1870), p. 37-41.

toujours entretenu entre eux des rapports qui leur ont permis de reprendre le cours normal de leurs travaux, depuis plusieurs mois.

Le Comité judiciaire se tient à la disposition non-seulement des patrons de toutes les industries, mais encore des familles (dont les enfants travaillent en qualité d'apprentis ou de petits ouvriers dans les ateliers et manufactures) qui désireraient le consulter. — Il est en même temps le Comité du contentieux de la *Société*.

Nous empruntons les extraits suivants aux Procès-verbaux du Comité judiciaire, rédigés par le secrétaire de ce Comité, M. Jules PÉRIN, avocat de la Cour d'appel, docteur en droit, suppléant du Juge de paix du Ve arrondissement.

ENFANTS VICTIMES D'ACCIDENTS.

Dans la séance du Conseil général de la Seine, du 4 novembre 1871, plusieurs membres ont signalé l'intérêt particulier qui s'attache à l'inspection du travail des enfants.

M. Rigaut a cité à cette occasion divers ateliers d'un département, dans lesquels les enfants sont soumis à un régime des plus pénibles....

Nous sommes heureux de constater que la Jurisprudence s'affirme de plus en plus dans le sens de la sévérité de la surveillance imposée aux patrons qui emploient des jeunes enfants dans leurs ateliers ; ce devoir est des plus rigoureux et des plus étroits, et l'industriel qui le méconnaîtrait verrait, dans le cas d'accidents atteignant ces enfants, sa responsabilité lourdement engagée.

La Cour de Paris décide, en effet, que, alors même qu'il y aurait eu de la part de l'enfant quelque imprudence, c'est au patron à le protéger contre son âge, son manque de discernement et sa propre faiblesse, en ne lui confiant aucun travail dangereux, soit par lui-même, soit par le voisinage des machines (1).

Le Tribunal civil de la Seine avait rendu le jugement sui-

---

(1) Voir l'étude de notre collègue M. J. Périn sur LE TRAVAIL DES ENFANTS DES MANUFACTURES *devant la Jurisprudence : Bull.*, III (1869), p. 183-212, et tirage à part, en vente à la *Librairie Cosse, Marchal et Billard*, place Dauphine, 27.

vant, qui fera suffisamment connaitre les circonstances de fait, dans lesquelles le malheureux enfant fut mutilé :

Attendu qu'il est constant que, le 10 octobre 1868, Saint-Ange fils a eu une des mains saisie et déchirée par une machine dite *raboteuse*, dans l'atelier de P., et que par suite l'amputation de la main est devenue nécessaire ;

Attendu qu'il n'est pas établi que Saint-Ange fils ait été employé, comme apprenti, par P. au fonctionnement de ladite machine;

Mais attendu que, s'il y a une part d'imprudence reprochable à Saint-Ange fils, P. a été imprudent en laissant sans surveillance un enfant de l'âge de Saint-Ange fils, dans un atelier où fonctionnait une machine aussi dangereuse que celle dont s'agit ;

Qu'en outre l'ouvrier qui y travaillait, et dont P. est responsable, a été également imprudent en quittant cette machine, et en la laissant en mouvement sans personne pour en surveiller l'approche;

Qu'il y a lieu, dans l'appréciation en dommages-intérêts dus à Saint-Ange fils, pour réparation du préjudice à lui causé par l'accident dont s'agit, de tenir compte de ces diverses circonstances.

Par ces motifs : Condamne P. à payer à Saint-Ange père ès-qualités la somme de 1,200 fr. à titre de dommages-intérêts pour les causes susénoncées ; — Condamne P. aux dépens (4e ch., vendredi. 17 décembre 1869);

Mais la Cour, trouvant que le Tribunal avait été trop parcimonieux dans l'indemnité allouée, en éleva le chiffre par l'arrêt suivant :

La Cour donne acte à la veuve Saint-Ange de ce que, par suite du décès de Saint-Ange, son mari, et comme tutrice de son fils mineur, elle entend reprendre en sesdits noms et qualités l'instance pendante entre Saint-Ange et P.

Et, statuant ensuite de la reprise d'instance, sur l'appel interjeté par Saint-Ange ès-noms du jugement rendu par le Tribunal civil de la Seine le dix-sept décembre 1869,

Aucun moyen de nullité ni fins de non-recevoir n'ayant d'ailleurs été précisé ni plaidé contre ledit appel,

Reçoit l'appel, et, au fond :

Considérant que les premiers juges, tout en consacrant le principe de la responsabilité de P., n'ont accordé à Saint-Ange qu'une réparation insuffisante et peu en rapport avec la gravité de l'accident dont Saint-Ange fils a été victime et des suites qu'entraînera, pour lui, une mutilation qui le prive de l'instrument nécessaire du travail;

Met l'appellation à néant;

Ordonne que le jugement dont est appel, en ce qui n'est pas contraire aux dispositions du présent arrêt, sortira effet ;

Emendant, et statuant par disposition nouvelle au chef de l'indemnité allouée;

Dit que l'allocation de douze cents francs allouée par les premiers juges à Saint-Ange sera réduite à la somme de huit cents francs une fois payée, avec les intérêts du jour de la demande;

Dit que P. sera tenu d'acheter, de ses deniers, une inscription de rente trois pour cent sur l'Etat français de la somme de trois cents francs, jouissance du premier juillet mil-huit cent-soixante et onze, laquelle inscription sera immatriculée en son nom pour la nue propriété, et pour l'usufruit au nom du mineur Saint-Ange, pour ce dernier en jouir sa vie durant;

Ordonne la restitution de l'amende consignée sur l'appel; condamne P. aux dépens de la cause d'appel; fait distraction desdits dépens à Rouget, avoué qui l'a requise (3e ch., 10 juillet 1871, présidence de M. Puget).

La Cour a fait, dans l'espèce, l'application de sa jurisprudence qui tend de plus en plus à s'établir, à savoir que le meilleur mode de réparation du préjudice causé par un accident est, non d'allouer à titre d'indemnité un capital à la victime, mais d'assurer les besoins de son existence par les arrérages d'une rente; une rente viagère répare, en effet, plus équitablement qu'un capital, l'accident qui diminue les ressources quotidiennes de l'ouvrier (C. Paris, 4e ch., 24 févr. 1866, *Dourday* c. *Jabat*; *Ib.*, 8 juin 1867, *Bravard, Genève et Guinot* c. *Portail*). Les Tribunaux ordonnent toujours qu'il y a lieu de garantir le service de cette rente par l'acquisition d'une rente sur l'Etat.

LES CONTRATS D'APPRENTISSAGE.

Le Comité judiciaire a été consulté par plusieurs patrons et plusieurs pères de famille à la suite du chômage forcé d'un grand nombre d'industries pendant les événements douloureux qui se sont produits en 1870-71; les uns et les autres se demandaient, en effet, qui devait supporter les conséquences du *cas de force majeure?*

Voici les diverses questions qui furent posées au *Comité judiciaire* :

1° L'enfant placé pour (soit 3 ans), ni nourri ni couché, sans salaire, a été renvoyé, pendant le siége de Paris et la Commune, par son patron qui ne pouvait l'occuper. — L'enfant doit-il rendre le temps perdu à la fin de l'apprentissage?

2° L'enfant, ni nourri ni couché, recevait 50 c. pour la 1ʳᵉ année, 75 c. la 2ᵉ, 1 fr. la 3ᵉ ; il a été renvoyé pendant le siége et la Commune. — Le patron doit-il une indemnité pour le salaire non fourni, ou bien l'apprentissage continue-t-il sans tenir compte du temps perdu, l'enfant continuant à recevoir 50 c. la 1ʳᵉ année de travail accompli, 75 c. la 2ᵉ, 1 fr. la 3ᵉ ? — ou encore, les mois perdus sont-ils comptés comme non existants, le patron ne payant rien, mais le temps d'apprentissage n'étant pas prolongé ?

3° L'enfant nourri et couché doit-il rendre le temps perdu à la fin de l'apprentissage ?

Ces diverses questions ne sont pas susceptibles de recevoir une solution uniforme. La solution de chacune d'elles varie ; elle est déterminée, en effet, par les circonstances de fait de chaque cas particulier.

Si le travail a été suspendu uniquement par les événements, et qu'il n'y ait, de part et d'autre, aucune autre cause à invoquer, il est équitable que chacune des parties supporte les conséquences du *cas de force majeure* ; dans ce cas, le temps du chômage doit être partagé, c'est-à-dire que le patron perdra la moitié de ce temps et que l'apprenti rendra l'autre moitié à l'expiration de son contrat.

Mais, si c'est par un fait dépendant de la seule volonté de l'une ou de l'autre des parties que le contrat n'a pas reçu son exécution, celle qui y a contrevenu doit seule supporter le préjudice causé et le réparer. Si, par exemple, un patron a fermé ses ateliers dès avant le Siége, le temps aura couru au profit de l'apprenti ; si, au contraire, l'apprenti a quitté volontairement l'atelier, par exemple, comme cela s'est produit, soit pour entrer dans la garde nationale, soit pour se livrer à la vente des journaux sur la voie publique, il doit rendre le temps ainsi écoulé.

Nous nous sommes assurés, auprès de MM. les Présidents et Secrétaires des quatre Conseils de Prud'hommes de la ville de Paris, qu'un grand nombre de conciliations s'étaient faites sur les bases que nous venons d'indiquer, et que telle était la Jurisprudence de cette juridiction.

———

CORRESPONDANCE.

—

Nous avons reçu de province un nombre considérable de lettres qui nous attestent que l'œuvre poursuivie par la *Société de protection des apprentis* préoccupe toujours gravement les esprits éclairés et que la Société elle-même continue à rencontrer les sympathies les plus vives. Nous ne pouvons reproduire ici toutes les communications qui nous sont faites, mais nous en tirerons parti, à mesure que l'occasion favorable se présentera, pour la rédaction du *Bulletin*. Parmi les lettres qui nous sont parvenues, il en est qui nous ont particulièrement touchés, ce sont celles qui viennent de l'Alsace et de la Lorraine. Les relations si étroites et si utiles que nous avions nouées avec les chefs d'industrie de ces provinces ne peuvent et ne doivent pas être rompues ; l'œuvre que nous poursuivons est toute d'humanité et ne se préoccupe pas des frontières politiques ; elle exerce son action dans un domaine élevé où se rencontrent pour s'unir les hommes de cœur de toutes les patries. Il n'y a donc rien de changé dans nos relations avec les provinces d'Alsace et de Lorraine ; il n'y a de notre part que plus de profondeur dans les sympathies que nous avons toujours ressenties et manifestées pour les généreux industriels qui nous ont, dans ces provinces, donné si souvent l'exemple des améliorations les plus efficaces dans le sort des enfants. Nous avons été extrêmement heureux en trouvant, dans plusieurs des lettres qui nous ont été adressées, les sentiments que nous venons d'exprimer et qui, nous en sommes persuadés, sont ceux de tous les sociétaires que nous comptons en Alsace et en Lorraine.

D'autres lettres nous donnent des détails sur les souffrances des enfants de l'industrie dans certains districts manufacturiers. Par exemple, M. Hébert, comptable à Gisors, nous signale ce pays comme étant resté tout à fait en arrière au point de vue qui nous touche spécialement ; la situation des enfants, nous dit-il, y est « déplorable. » — Nous espérons que M. Hébert réussira à créer, en faveur des enfants, un mouvement que la *Société de Protection* favorisera et aidera de toutes les ressources dont elle dispose.

Des nouvelles plus consolantes nous sont venues d'Arras par

l'entremise de l'excellent abbé Halluin (1). « Envoyez-moi le
« Bulletin, nous écrit-il. Je profite des choses faites par d'autres
« pour m'éclairer dans la conduite d'environ 300 jeunes
« apprentis qui vivent dans mon établissement et y reçoivent
« des soins paternels. »

Cette lettre de M. l'abbé Halluin est de celles qui sont le
mieux faites pour nous encourager, nous tous membres de la
Société de Protection, à persévérer avec énergie dans nos efforts
et dans notre publication, telle que nous l'avons conçue jusqu'à
présent ; le suffrage d'un ami des enfants aussi expérimenté que
M. l'abbé Halluin, nous prouve que notre *Bulletin* est bien dans
la voie la plus utile ; il a, en effet, toujours aspiré à être comme
une encyclopédie de la question de l'apprentissage ; et cette
question de l'apprentissage n'est rien autre chose que la question
de l'avenir de notre classe ouvrière tout entière. En nous occu-
pant de remplir aujourd'hui nos ateliers d'apprentis dont nous
forcerons la reconnaissance par nos soins paternels, par nos
bienfaits et par notre justice, nous avons quelque droit d'espérer que plus tard ces apprentis devenus ouvriers, garderont
quelques-unes des impressions de leur enfance, et seront plus
aptes à porter des jugements éclairés et équitables sur leurs
patrons.

Tous nos correspondants conçoivent bien de cette façon le
rôle de notre *Société*, et c'est parce qu'ils le conçoivent ainsi,
qu'ils nous adressent de chauds remercîments pour ce que la
Société a déjà fait et de pressantes exhortations à continuer
dans le même sens. Nous réussirons à satisfaire leurs vœux,
s'ils nous prêtent eux-mêmes leur concours en nous adressant
toutes les notes et tous les renseignements propres à nous ins-
truire sur les maux dont les enfants souffrent, sur les remèdes
les plus propres à guérir ces maux, suivant les circonstances,
suivant les localités.

Un des moyens les plus faciles et les plus efficaces pour améliorer et moraliser les enfants de l'industrie, est de les réunir

---

(1) Notre collègue, M. Jules Périn, concitoyen d'origine et ami de M. l'abbé
Halluin, nous rappelle que cet honorable fondateur d'une maison de préservation pour la jeunesse, a reçu le *prix de vertu* de l'Académie française, et
que son dévoûment à l'enfance le fait considérer comme le *Saint-Vincent-
de-Paul* d'Arras.

dans un patronage bien dirigé. Aussi, nous avons appris avec le plus vif plaisir que notre collègue, M. Alicot, nommé sous-préfet de Bagnères-de-Bigorre, s'occupait de fonder un patronage dans cette ville. Que tous nos collègues dispersés par toute la France suivent cet exemple; qu'ils mettent en pratique les conseils si variés et les procédés si nombreux que nous avons publiés, et notre *Bulletin* produira tout le bien qu'il a la légitime ambition d'accomplir.

D'un autre côté, les bonnes habitudes du passé se conservent, malgré le trouble apporté dans toutes les industries par les derniers événements. Le concours organisé par la *Société paternelle* de l'ébénisterie parisienne se prépare cette année comme les précédentes, et la *Société de Protection* lui a accordé sa subvention habituelle.

M.M. A. Chaix et Cie ont continué dans leur Etablissement l'application des mesures qu'ils avaient prises pour améliorer la condition des apprentis et des jeunes gens qui y sont employés.

A la réunion annuelle qui a eu lieu dans les premiers jours d'octobre, il a été distribué :

1° Livrets de la Caisse des retraites de l'État. . . 41

2° Livrets d'assurances en cas de décès (500 fr.) . 25

3° Livrets d'apprentis (Caisse de répartition de la Maison) 13

La Caisse de Répartition a donné :

En 1869 . . . . Fr. 1,878 } 3,617
En 1870 . . . . , . 1,739 }

Cette somme de 3,617 francs a été répartie conformément aux statuts.

Un tiers, soit 1,205 francs a été remis aux parents;

Le second tiers a été gardé en réserve pour être distribué à la fin de l'apprentissage;

Le troisième tiers a été versé à la Caisse des retraites.

Nous avons promis, il y a un an, de publier la liste générale de nos Sociétaires : nous la donnons aujourd'hui. Dans une prochaine livraison, nous donnerons une *table analytique* complète des matières traitées dans les quatre volumes de notre Bulletin (de septembre 1866 à décembre 1871).

LISTE GÉNÉRALE

DES

MEMBRES DE LA SOCIÉTÉ DE PROTECTION

DES APPRENTIS ET DES ENFANTS DES MANUFACTURES

FONDATEURS ET MEMBRES PERPÉTUELS

Alamagny, fab. à Saint-Chamond.
Abadie, fabricant.
Adelson Monteaux, ancien négociant.
A. x x x.
Albert, négociant à Paris.
Alexandre Dumas père.
Arlès Dufour, négociant.
Asile de Vincennes.
Bardin, imprimeur sur étoffes à Rouen.
Barreswil, chimiste, ancien secrétaire
  général de la *Société de protection.*
Baude, inspecteur général des ponts et
  chaussées
Berteaux, à Paris.
Bessan, directeur de la *Belle-Jardinière*,
  à Paris.
Bixio, libraire-éditeur à Paris.
Blache (le docteur), à Paris.
Blanzy, à Boulogne.
Boissière, maître verrier au Gast.
Boucicaut, négociant à Paris.
Boutarel, manufacturier à Paris.
Brault, maître de forges.
Bréant, fabricant de châles à Paris.
Butenval (Comte de).
Cahen d'Anvers, banquier à Paris.
Cail, constructeur-mécanicien à Paris.
Carcenac, rentier, à Paris.
Cartier-Bresson père, à Paris.
Cartier-Bresson fils, à Paris.
Cartier-Bresson (F.), à Paris.
Cartier-Bresson (C.), à Paris.
Cartier-Bresson (J.), à Paris.
Cartier-Bresson (L.), à Paris.
Cartier-Bresson, anc. négociant à Paris,
Cartier-Bresson (Mme), à Paris.
Cartier-Bresson (Mlle), à Paris.
Chambre des notaires, à Paris.
Champonnois, ingénieur civil à Paris.
Chartreux (les), de la gr. Chartreuse.
Chiris (E.), à Grasse.
Chiris (S.), à Grasse.
Clotilde (La Princesse).
Colcombet, fabricant à Saint-Etienne.
Collége Rollin.
Compagnie des forges du Creusot.
Compagnie générale marit., à Paris.

Courcy (de), dir. de la Comp. d'as. gén.
Couturier, à Vizille.
Cuvillier, négociant à Paris.
Davanne, chimiste à Paris.
Delaporte (Mlle), artiste dramatique.
Delicourt, à Paris.
Desfontaines, horloger à Paris.
Dietsch, à Lièvre (Haut-Rhin).
Dollfus (Jean), à Mulhouse.
Dommartin, à Paris.
Dorvault, directeur de la pharmacie
  centrale à Paris.
Drouin, négociant en droguerie à Paris.
Dubrunfant, chimiste à Bercy.
Dumas, secrétaire perpétuel de l'Acadé-
  mie des sciences.
Dupont et Deschamp, fab. à Beauvais.
Dupuy de Lôme, memb. de l'Institut.
Dutfoy (G.), négociant à Moscou.
Dutfoy (S.), négociant à Moscou.
Durenne, fabricant de chaudièrés à
  Courbevoie.
Dusautoy, à Paris.
Duvergier, ingénieur-construct. à Lyon.
Ecole d'Aix.
Ecole d'Angers.
Ecole centrale des arts et manufact.
Ecole de Châlons.
Ecole d'horlogerie de Cluses.
Ecole des mineurs de Saint-Etienne.
Ecole des mines.
Ecole des maîtres mineurs d'Alais.
Ecole normale.
Ecole des ponts et chaussées.
Engel-Dollfus, à Mulhouse.
Engel-Gros, à Mulhouse.
Farcot, ing.-mécanicien à Saint-Ouen.
Fremont-Mustel, à Paris.
Froger de Mauny, magistrat à Paris.
Fromage, fabricant à Paris.
Froment-Meurice, orfèvre à Paris.
Froment-Meurice (Mme).
Gautier-Bouchard, fabricant à Paris.
Gobley, de l'Académie de médecine.
Godard-Desmarets, président de la
  Compagnie de Baccarat.
Godchaux, imprimeur-éditeur à Paris.

Godillot (Alexis), à Paris.
Goffin, président de la Société des Amis de l'Enfance.
Goldenberg, manufacturier. à Zornhoff.
Goldenberg.
Goy, à Paris.
Gratien-Milliet, manufacturier.
Griffon, négociant à Paris.
Grosselin (A), à Paris.
Guerlain (A), à Paris.
Guerlain (J.), à Paris.
Guillon, négociant.
Guizot (Guillaume), à Paris.
Hamelin, manufacturier à Paris.
Houget, manufacturier, à Verviers Belgique).
Hubault, à Paris.
Hughes, parfumeur à Grasse.
Hulot, directeur de la fabrication des timbres-poste.
Husny Bey (le Commandant).
Jacqz, président de la société *la Philanthropie commerciale* à Paris.
Joriaux, négociant à Paris.
Joannès Vintry, à Lyon.
Lagoutte (J.), maître de forges à Paris.
Lamé-Fleury, ingén. des mines à Paris.
Landon, négociant à Paris.
Larrey (Baron), inspecteur général du corps médical militaire.
Laumonier, manufacturier à Flers.
Laurent-Richard, à Paris.
Lebaudy, raffineur de sucre à Paris.
Leclert, négociant en bois à Paris.
Lefebvre Ducatteau, manufacturier à Roubaix.
Legrand, secrétaire de la Société des *Amis des sciences*.
Lemaire, fabricant à Paris.
Lemoine-Montigny, directeur du théâtre du Gymnase.
Lemoine, fabricant de meubles à Paris.
Leroy (J.), fabricant de papier à Paris.
Liebig (Johan).
Liebig (la bar.), à Reichemberg (Bohème).
Loreau (A.), à Paris.
Luke-Turner, à Londres.
Lycée Condorcet.
Lycée Corneille.
Lycée Descartes.
Macé (Jean), à Beblenheim.
Maillard, ancien négociant à Paris.
Mallet, libraire à Paris.

Mame père, imprimeur à Tours.
Mame fils, imprimeur à Tours.
Martin, manufacturier à Tarare.
Masquelier fils, au Havre.
Mazaroz-Ribailler, à Paris.
Mercier, directeur de la *Société d Ourscamps*.
Michel, ingénieur des ponts et chaussées à Montpellier.
Migneret, à Paris.
Monduit, plombier à Paris.
Moisset-Foye, à Paris.
Monjean, directeur du collège Chaptal.
Mouchy (Duc de).
Mouchy (Duchesse de).
Mouchy (de) fils.
Mourceau, négociant à Paris.
Muller (A.), manufacturier à Paris.
Murat (Princesse).
Najean, manufacturier à Paris.
Nattan (Georges), manufacturier à Paris.
Odiot, orfèvre à Paris.
Ouvriers de la maison Christofle, à Paris.
Payen, négociant en soieries à Paris.
Pelouze (Eug.), chimiste à Paris.
Peltereau, manufacturier à Paris.
Peltereau (Mme).
Pensionnat des frères de Passy.
Piver, fabricant de parfumerie à Paris.
Prévot, décorateur en porcelaine à Paris.
Rallet, propriétaire à Grenoble.
Raingo (Victor), à Paris.
Rapet, à Paris.
Renard, entrepreneur de travaux publics à Paris.
Richard aîné, fabricant à Paris.
Rondelet, chasublier à Paris.
Rothschild (Baron de), à Paris.
Roy, négociant à Paris.
Sakakini, à Paris.
Schneider, directeur du Creusot.
Sciama frères, marchands de diamants à Paris.
Seydoux, à Paris.
Société de la Vieille Montagne.
Terninck (A.), fab. de sucre à Rouez.
Teste, manufacturier à Lyon.
Trapp, à Mulhouse.
Verdé-Delisle (Paul), à Paris.
Verdé-Delisle (Ad.), à Paris.
Vilmorin (Henri), à Paris.
Zegut, manufacturier à Tusey.

MEMBRES SOCIÉTAIRES [1]

Abadie, fabric. de papiers à cigarettes, rue Saint-Martin, 257.

Adam (E.), peintre-décorateur, faubourg Saint-Denis, 103.

Adelson-Monteaux, anc. nég., rue du Mont-Thabor, 24.

Agard Michel, rue Nicolas, 5, à Marseille (Bouches-du-Rhône).

Agnellet (frères), nég., r. de Reuilly, 113.

Alabarbe, nég., rue des Lombards, 33.

Alamagny, fabricant de lacets, à Saint-Chamond (Loire).

Albenas (d'), à Montpellier (Hérault).

Albert, nég., boul. Haussmann, anc. 57.

Alicot (Mme), r. Sainte-Foy, à Montpellier, (Hérault).

Alicot, (M.), S. Pr. à Bognères de Bigorre.

Allain, négociant, rue Dieu, 10.

Allard, rue Suger, 11.

Allars-Rousseau et Cie, filateurs, à Roubaix (Nord).

Allegri, banquier, rue du Rocher, 18.

Allemayer, négociant en tissus élastiques, rue Rambuteau, 57.

Almin, nég., r. Vlle-du-Temple, 24.

Alphand, ingr en chef des ponts et chaussées, chauss. de la Muette, 15, Passy.

Althoffer, manuf. de draps à Guebwiller (Haut-Rhin).

Amos (Jacques), manufacturier à Wasselonne (Bas-Rhin).

Amson (A.), rue de Turbigo, 16.

Amson (G.), » »

Andelle, verrier à Épinac (Saône-et-Loire).

André (David), à Saint-Étienne (Loire).

André (J. J.), constructeur de machines, au Vieux-Thann (Ht-Rhin).

André père, fab. de meubles, r. des Juifs, à Strasbourg,

André fils, fab. de meubles, r. des Juifs, à Strasbourg.

Andreeff (E.), professeur de technologie, à Saint-Pétersbourg (Russie).

Anduze (Fernand), boulev. de l'Observatoire, à Montpellier (Hérault).

Anonyme, rue Jacob, 19.

Anquetin, cultivateur, à Lorleau, par Lyon-la-Forêt (Eure).

Antist (d'), rue Tronchet, 23.

Archdeacon (Mme), avenue des Champs-Élysées, 15.

Argyll (duc d'), boul. Malesherbes, 53

Arlès-Dufour, nt, r. du Conservatoire 11.

Arlès-Dufour (A.), nég. rue du Conservatoire, 11.

Armet de Lisle, manuf. rue Malher, 18.

Armengaud (F.), fab. à Mazamet (Tarn).

Arnault Jeanty, marchand de grains, rue des Quatre-Fils, 5.

Arnault (l'abbé), curé de Se-Marguerite, rue Saint-Bernard, 30, faub. Sr-Antoine.

Arnavon père, fab. de sav. à Marseille.

Arnavon fils, » »

Arnoul (H.), secrét.-gén. de la Société d'enc. au bien, r. des Batignolles, 44.

Arnoult-Plessis (Mme), sociétaire de la comédie française, r. des Sts-Pères, 8.

Arronssohn (J.), r. de Trévise, 47.

Asile de Vincennes, à St-Maurice, près Charenton (Seine).

Asselin, lib. place de l'Ecole-de-Médecine.

Astier, négociant, r. des Tournelles, 28.

Aubé, courtier de commerce, rue Notre-Dame-des-Victoires, 49.

Aubergier, pr à la Faculté des sciences à Clermont-Ferrand (Puy-de-Dôme).

Aubert, ft de caoutchouc, rue du Théâtre, 105, Grenelle.

Aubin (Mme), rue du Louvre, 8.

Aubin, négociant, rue du Louvre, 8.

Aubin (G.) r. d'Astorg, 27,

Auboin, (Ch.), fab. de faïences, Grande-Rue, 1. Bourg-la-Reine.

Aubry, notre honoraire, r. du Rocher, 12.

Aubry (Victor), fabricant de dentelles, rue des Jeuneurs, 35.

Aubry (M.), banquier, av. d'Antin, 1.

Aubry-Vitet, rue du Rocher, 12.

Aucoc (L.), orfèvre, rue de la Paix, 6.

Audiffret (marquis d'), r. Royale, 5.

Audiffred (J. D.), r. de la Victoire, 12.

Audrisset (V.) filateur, r. d'Aboukir, 87.

Auger (C.), r. Bergère, 28.

Auger, prop., à Fère en Tardenois (Oise).

Aussedat, fabricant de papiers, cour des Miracles, 8 et 9.

Attias, nég., r. de l'Entrepôt, 13.

Auzoux (Dr), rue Antoine-Dubois, 2.

Babin (Mme), boulev Saint-Michel, 121.

Bablot, rue de la Coutellerie, 1.

Bac, fab. de porte-pl., r. Rossini, 12.

Bachelier, pre r. Nve-des-Mathurins, 118.

Badoureau, imprim:, r. Bouchardon, 16.

Baecque (E. de), ancien nég., Grande-Rue de Passy, 84.

Baecque (Ch. de), fils, Faubourg-Pois. 9.

Bagriot, rue l'Evêque, 11.

Bailleul, Président honoraire de la Société des imprimeurs, rue du Regard, 20.

Baker, inspecteur général des manufactures, Milverton hill (Leamington).

Balard, de l'Institut, rue d'Assas, 100.

Balay, manufact. à Ste-Foy-L'argentière, (Rhône).

Baldensperger (Philippe), manufacturier, à St-Dié (Vosges).

Balguerie d'Egmont (Mme), avenue d'Eglé, 9, à Maisons-Laffitte.

Balguerie d'Egmont (Madlle Hélène), avenue d'Eglé, 9, à Maisons-Laffitte.

Balsan (père), boul. Malesherbes, 79.

Balsan (Ch.), boul. Malesherbes, 79.

Balsan, fab. de draps, rue des Bons-Enfants, 21.

Baltier, fabt de conserves, rue Cler, 52.

Barallon, à St-Etienne (Loire).

Barbaroux (Mme), avenue de Madrid, à Neuilly (Seine).

Barbedienne, fabricant de bronzes, boulevard Poissonnière, 30.

Barbey, fabricant à Mazamet (Tarn).

Bardin, imprimeur sur étoffes, à Rouen.

Bardin, ft d'agr. en pl., r. de Lancry, 10.

Barnadez (Louis), nég., Porte St-Jean, à Bordeaux.

Baroche (Ernest), rue Caumartin, 4.

Baron (A.), prop., rue Bergère, 28.

Baron (E.), avocat, rue de Lille, 101.

Barratin, négociant, quai d'Anjou, 2.

Barreswil (Mme), r. Saint-Florentin, 16.

Barreswil (Mlle), r. Saint-Florentin, 16.

Barrot (O), rue de la Ville-l'Evêque, 5.

Barthas (Numa), fabricant à la Risse, près Mazamet.

Barthe, ingénieur civil, à Vierzon-les-Forges (Cher).

Barthélemy, négociant en papiers, rue Saint-Séverin, 10.

Barthez, Docteur, rue Duphot, 14.

Battenberg, fondeur, rue du Dragon, 20.

Baube, chef de division à la Préfre de police, rue de Ponthieu, 12.

Baude, inspect. général des ponts et chaussées, rue Royale, 13.

Baudoin, fabricant de toiles cirées, rue de la Tombe-Issoire, 25.

Baudon, place du Palais-Bourbon, 16.

Baudoux - Chesnon, rue Croix-des-Petits-Champs, 50.

Baudrillart, de l'Inst., r. de l'Odéon, 10.

Baudrit, serrurier artistique, r. St-Maur-Popincourt, 88.

Baudry (Mme), rue de Lancry, 16.

Bauër (Mgr.), protonotaire apostolique, rue Saint-Florentin, 12.

Baugrand, bijoutier, rue de la Paix, 19.

Baulot, rue du Temple, 187.

Baumgarten (Léon), apprêteur blanchisseur à Ste-Marie-aux-Mines (Ht-Rh.).

Baumgartner et Schweisguth, à Mulhouse.

Baux (Edouard), fabt à Mazamet (Tarn).

Bayvet (G.), r. de l'Arcade, 56.

Bayvet, rue de Turbigo, 13.

Bazin, professeur à l'Ecole Turgot, rue de Crussol, 18.

Bazin et Penlevey, à Lisieux.

Béau (A.), de la commiss. des logements insalubres, quai Voltaire, 22.

Beaufonds (de), r. des Beaux-Arts, 15.

Beaufour, syndic, r. des Bourdonnais, 34.

Beaulieu (Mme), rue de l'Arcade, 20.

Beauval, receveur principal des contributions indirectes, r. St-Florentin, 16.

Beauvin, négociant, quai de Valmy, 157.

Beauvisage, agent de change, rue de Choiseul, 25.

Béchet, plombier, boul. de Courcelles, 87.

Béchevet (de), Château de Beauregard, près Versailles.

Beer (J.), rue d'Aumale, 18.

Behier (A.), rue Saint-Honoré, 245.

Beix (A.), manufacture de parapluies, r. Lecat, 57, à Rouen.

Belhommet, ft de bougies à Landernau (Finistère).

Bellay (de), boulevard Beaumarchais, 91.

Bellenger (Ch.), maison Fasbender, rue Saint-Denis, 368.

Bellet, négociant, quai de Béthune, 18.

Bellon (Joseph), place Louis XVI, à Lyon.

Beluze, rue Bonaparte, 108.

Bénard (Mme), rue de l'Université, 25.

Bérard, profr de chimie à l'Ecole Turgot, rue de Grenelle, 80.

Bérard (Raoul), rue Embouque-d'Or, à Montpellier.

Bérard (Prosper), adminis. de la Banque, boulev. de l'Observatoire, à Montpellier.

Berdalle de la Pommeraye.

Berger (Albert), négociant, à Bischwiller, (Bas-Rhin).

Berger (Henri), de la maison Vor. Ecl. Salher, filature et tiss., à Montbéliard.

Berger de Goetzenbruck, chev. de la lég. d'honneur, à Goetzenbruck (Moselle).

Bernard, armurier, rue de Villejust, 12.

Bernard, boulevard de Sébastopol, 60.

Berrac (frères), à Mazamet.

Berteaux, rue d'Aboukir, 10.

Berthault, membre de l'Union nationale, rue Cadet, 9.

Berthier, ancien présid. du Tribunal de commerce, place de la Madeleine, 30.

Berthier (Ch.) fils, pl. de la Madeleine, 30.

Berthier (G.) fils, pl. de la Madeleine, 30.

Berthier (Gustave), pl. de la Madeleine, 30.

Berthier (E.), prop., r. de Provence, 43.

Berthier (neveu), nég., rue de Châteaudun, 22.

Berthier (Mme) aînée, r. de Rivoli, 104.

Berthier (Mme) jeune, r. Tronchet, 2.

Berthon, frères, fab. de bouchons, rue Vieille-du-Temple, 47.

Bertin (E.), agent de change honoraire, rue de Boulogne, 11 bis.

Bertinot, rue Vivienne, 10.

Berton et Renault, r. Folie-Méricourt, 20.

Bertrand (Martial), propriétaire, rue Furstenberg, 4.

Besnard (Jean-Léger), fabricant tôlier, impasse Guéménée, 4.

Bessan, direct. de la Belle-Jardinière, quai de la Mégisserie.

Beudin, manufacturier, ingénieur métallurgiste, rue Amelot, 84.

Beurdeley, avocat, r. Constantinople, 26.

Bezançon, fabricant de céruse, rue du Château-des-Rentiers, à Ivry.

Bianchi, rue Richelieu, 102.

Biais, Chasublier, rue Bonaparte, 74.

Binder (L.), carrossr, r. de Morny, 9.

Bing, négociant, rue Richer, 41.

Bing (L.), banquier, r. de la Banque, 15.

Binot-de-Villiers, avocat, r. Taitbout, 80.

Birauneau, Pass. Tocanier, 15, (Fg. St-Antoine, 240).

Bischoffsheim, boul. Haussmann, 39.

Bixio (Maurice), libraire, r. Jacob, 26.

Blache, doctr. médecin, r. de Surène, 5.

Blanche (A.), ancien secrétaire général de la préfecture de la Seine.

Blanchet, fabricant de pianos, r. d'Hauteville, 26.

Blanc (Ch.), architecte, r. Béranger, 16.

Blanc (J.), commre pour la Suède et la Norvège, rue des Petits-Hôtels, 24.

Blatin (Henri, Mme Ve), r. Bonaparte, 30.

Bloch (J.), à Sainte-Marie-aux-Mines (Haut-Rhin).

Bloch (Emile), maison Huguiny et Blech, à Saint-Dié (Vosges).

Blin-Bloch, à Bischwiller (Bas-Rhin).

Blondeau (P.), pharmn, rue de Condé, 22.

Blum (Simon) et Cie, à Sainte-Marie-aux-Mines (Haut-Rhin).

Blum et Richer, à Mulhouse (Ht-Rhin).

Bocca (Paul), maison Bocca Wulveryck; à Saint-Quentin. à Paris, r. du Mail, 13.

Bocquet, nég., r. Basse-du-Rempart, 50.

Boeringer (Franck), à Mulhouse.

Bodenreider Mougeot, fab. de tissus, à Ste-Marie-aux-Mines (Haut-Rhin).

Bois Laurent (de), à Lisieux.

Boissaye, rue du Sentier, 8.

Boissière, maître verrier, au Gast, par Martrée (Orne).

Bonaterre, rue Caillon, 11.

Bonhomme (l'abbé), r. de Turenne, 125.

Bonnarie (Mme) Charles, avenue de la Reine Hortense, 8.

Bonnefonds, professeur, r. Joubert, 26.

Bonnevie de Mourel, rue Mandar, 7.

Bonnin, avocat, boul. Sébastopol, 82.

Bontemps (Mme), rue Pétrarque 4.

Bontemps, ancien maître verrier, rue Pétrarque, 4, Passy.

Bordes (Charles) et Cie, filateurs à Mazamet (Tarn).

Boresdon (de), rue Pigalle, 21.

Borgnis, propriétaire, r. Vaucanson, 56.

Borie (Paul), fabricant de briques, rue de Pontoise, 7.

Bouasse Lebel, imagier, rue Saint-Sulpice, 29.

Boucherot, brasseur, maire de Puteaux.

Bouchey, fabricant de toile, à Armentières (Nord).

Boucicault, nég. rue du Bac, 135-137.

Boucquin, imp., r. de la Ste-Chapelle, 5.

Boudou (Armand), fabt à Mazamet (Tarn).

Bouilhet, l'un des direct. de la maison Christofle, rue de Bondy, 56.

Bouilhet (Mme H.), rue de Bondy, 56.

Bouillet, r. Notre-Dame-des-Victoires, 26.

Bouis, négociant, rue du Mail, 71.

Boulenger, fab. de fayence, à Choisy-le-Roy.

Bouley, de l'Institut, inspect. général des Ecoles vétérinaires, Boul. St-Michel, 30.

Boulley (Mme), rue de la Ferme-des-Mathurins, 16.

Boulley (Mlle J.), rue de la Ferme-des-Mathurins, 16.

Boulley (oncle), membre du Conseil d'escompte de la Banque, r. Marignan, 11.

Boumard, chef d'inst. r. Garancière, 15.

Bourcart, filateur, à Guebwiller. (H.-Rh.).

Bourdon, mécanicien, rue du Faubourg-du-Temple, 74.

Bourdon (H.), rue de l'Échiquier, 80.

Bourdon (E.), fabricant de colles fortes, à Château-Renault (Indre-et-Loire).

Bourgeois Roques, produits chimiques, à Ivry, près Paris.

Bourgoin, rue Lafayette, 126.

Bournat, avocat, rue Jacob, 20.

Bournazet (bijoutier), r. du Temple, 120.

Bourreau, employé de commerce, rue Guy-la-Brosse, 2.

Bourreuille (de), secrétaire général du ministère des travaux publics.

Bousquet frères, fabts à Mazamet (Tarn).

Boutarel, rue de l'Arcade, 18.

Boutet (Mme), avenue d'Eyleau, 56.

Boutet, négociant, rue Lesueur, 15, avenue de l'Impératrice.

Boutillier (Jules), toiles d'emballage, à Allery (Somme).

Boyer (J.), direct. de l'imprimerie Paul Dupont, rue J.-J. Rousseau, 45.

Boyer et Rolland, fondeurs, rue de l'Asile Popincourt, 10.

Bouyer Cohadon et Cie (Association), rue Monge, 12.

Brac de la Perrière, avocat, rue du Plat, à Lyon.

Brault, maître de forges, boul. Richard-Lenoir, 6.

Bray (de), commis principal au bureau de bienfaisance du 5e arrond., r. Jacob, 37.

Bréant, rue d'Aboukir, 60.

Bréguet, constructeur mécanicien, quai de l'Horloge, 39.

Breton (Paul), fab. de papiers peints, rue des Grands-Augustins, 19.

Bricard, rue Tiquetonne, 23.

Brieu, fabricant à Mazamet (Tarn).

Brion, rue Basse-du-Rempart, 48.

Brizard, rue Saint-Fiacre, 17.

Brocheton, inspect. des Enfants assistés du Loir-et-Cher, à Blois.

Broglie (Paul de), rue Solférino, 10.

Brongniart, inspecteur des écoles de dessin, rue Cuvier (au Muséum).

Brou, lieut. de vaisseau en Cochinchne.

Brunner-Lacoste, artiste peintre, place Saint-Michel, 5.

Brunesseau, fabricant de caoutchouc, rue Saint-Denis, 192

Brunet, ancien directeur de la Vieille-Montagne, avenue Percier, 8.

Brunox, place Hoche, à Versailles.

Bruzon, fabricant de céruse, usine de Portillon (Tours).

Bucquet, propriétaire, rue Poussin, 32.

Bucquet, inspect. général des Œuvres de bienfaisance, r. Saint-Arnaud, 6.

Bunel, négociant, rue Radziwill, 37.

Burat, rue Lafayette, 46.

Burgeat, filateur, à Amiens.

Burgun (Mme), à Meysenthal.

Burgun, directeur-gérant des verreries de Meysenthal (Moselle).

Burnat (Emile), à Mulhouse.

Busengens (Gustave) fils, à Crefeld (Prusse rhénane).

Butenval (comte de), r. de Miromesnil, 34.

Cabibel (L.), prop. à Mazamet (Tarn).

Cabibel (J.), fab. à Mazamet (Tarn).

Cabin, rue Rambuteau, 52.

Caboche et Grimault, négociants, 48, r. des Marais.

Cadet (Ernest), doct. en droit, au ministère de l'Inst. publ., r. Vanneau, 56.

Cadou, courtier d'assur., r. Drouot, 14.

Caffarel et **Darolles**, négociants à Cette (Hérault).
Cahen d'Anvers, banquier, 118, rue de Grenelle.
Cail, ingénieur-mécan., quai de Billy, 48.
Caille (F.), fab. de tissus, à Amiens.
Caillot, ing. civil, r. de Sèvres, 240.
Caillot, orfèvre, rue des Moulins, 20.
Calla, memb. de la Chambre de commerce de Paris, 8, r. des Marronniers, à Passy.
Callebaut, fab. de machines à coudre, boul. Sébastopol, 105.
Callon, propriétaire, r. Laffitte, 5.
Callon, ing. des mines, r. de l'Odéo,n 9.
Callot (Mme v^e), r. Caumartin, 19.
Callou, dir. de la Cie de Vichy, r. Drouot, 2.
Callou, ferm^r des Eaux, à Vichy (Allier).
Cambray (de), chef de direction à l'Assistance publique, pl. de l'Hôtel-de-Ville, 3.
Camus, fabricant de produits chimiques, rue Barbette, 2.
Camus (fils aîné), rue Barbette, 2.
Camus (fils jeune), rue Barbette, 2.
Canouil, fab. d'amorce, 22, r. Béranger.
Candelot père, r. du faub. St-Denis, 148
Canonge, directeur de *la Tutelle*, rue des Fontaines-du-Temple, 5.
Canson et Montgolfier, de Vidalon-les-Annonay, rue de Palestro, 29.
Cant (L.), r. des Francs-Bourgeois, 39.
Cantagrel Dupontès (J.), architecte, rue de Copenhague, 6.
Cappronier, rue Billaut, 15.
Carcassonne (Mme v^e C.) fils, vêtements confectionnés à l'Isle (Vaucluse).
Carcenac, r. Neuve-des-Capucines, 20.
Cardeilhac, orf.-coutel., r. de Rivoli, 91.
Carlhain, nég., r. du Sentier, 26.
Carmouls-Houlès, fabricant, à Mazamet (Tarn).
Cartier, boulevart des Italiens, 9.
Cartier-Bresson (père), filateur, boulevard Sébastopol, 86.
Cartier-Bresson fils aîné, boul. Sébastopol, 86.
Cartier-Bresson (H.), b. Sébastopol, 86.
Cartier-Bresson (C.), b. Sébastopol, 86.
Cartier-Bresson (J.), b. Sébastopol, 86.
Cartier-Bresson (P.), b. Sébastopol, 86.
Cartier-Bresson (Melle), b. Sébastopol, 86.
Cartier-Bresson (Mme), b. Sébastopol, 86.
Cartier-Bresson, ancien négociant, rue de Vaugirard, 48.
Cartier Bresson (Louis).
Cary, nég., rue du Grand-Chantier, 7.
Casella, boulevard Sébastopol, 107.
Castel (E.), m^d de soies, à St-Étienne.
Castellino, courtier en sucres, place de la Bourse, 12.
Casthelaz, fabricant de produits chimiques, r. Ste-Croix-de-la-Bretonnerie, 19.
Castor, entrep. de trav. pub., 71, r. de Monceau.
Cavaillé-Coll, f^t d'org., av. du Maine, 15.
Cavaré (P.), manuf., 27, b. Poissonnière.
Célérier, nég., r. Bonaparte, 8.
Cerfbeer, agriculteur, ferme d'Aubervilliers, par Sarrebourg (Meurthe), ou rue de Morny, 9.
Chabert et Cie (J.), à Chomerac (Ardèche).
Chabrier (E), ingénieur, avenue du Coq, 4, rue Saint-Lazare, 99.

Chabrier (L.), av. de la Reine Hortense, 5.
Chabrol (H.), président du Conseil des prud'hommes, à Limoges.
Chagot (aîné), négociant plumassier, rue de Richelieu, 73.
Chagot, dir^r de la c^ie des mines de Blanzy, boulevart Haussmann, 55.
Chaix, imprimeur, rue Bergère, 20.
Chalandre, rue Saint-Roch, 25.
Chambon-Lacroizade, fab. de fers à repasser, 186, faub. St-Denis.
Chambre des Notaires, pl. du Châtelet.
Chambre syndicale des Entrepreneurs de bâtiments, rue des Archers, à Lyon.
Chambre syndicale du Bâtiment, rue Joséphine, 14, à Lille.
Chambre syndicale des Entrepreneurs, à Angers.
Champonnois, ingénieur civil, 8, rue de la Jussienne.
Chapelain, facteur d'orgues aux Andelys (Eure).
Chapon, à St-Étienne (Loire).
Chappotian, négociant, rue Linné, 9.
Charbonnier, bandagiste, 376, rue St-Honoré.
Chardin, m^d de soies, 173, r. St-Denis.
Chardin-Hadancourt, 16, b. Sébastopol.
Chardon (Ch.), Imp. en taille-douce, 30, rue d'Hautefeuille.
Charlier, dir. des ardoisières de Caumont-Léventé, (Calvados).
Charmet aîné, nég., 22, r. de Châteaudun.
Charmet (J.), nég., 22, r. de Châteaudun.
Charnelet (père et fils), apprêteurs d'étoffes, 98, rue Oberkampf.
Charnacé (Ctesse de), avenue de St-Cloud, 93, à Versailles.
Charpentier, horloger, 52, Palais-Royal.
Charrière, 6, Pl. de l'École-de-médecine.
Chartreux (les) de la grande Chartreuse.
Charvet, memb. de l'Union nationale, 19, rue Auber.
Chatenoud, fabricant de bronzes, rue Notre-Dame-de-Nazareth, 27.
Chatillon (de), rue du Temple, 51.
Chatin, professeur à l'École de pharmacie, rue de Rennes, 129.
Chauchat, boul. Haussmann, 121.
Chaulin, 52, avenue de Paris, Versailles.
Chaumette, fab. de tapis de sparte, r. Charlot, 7.
Chausson (E.), négociant en vins de Champagne, à Epernay.
Chauveau-Lagarde, passage Sainte-Marie, 3, rue du Bac, 66.
Chaysson, boul. de Sébastopol, 109.
Chedieu, avocat, r. du 29 Juillet, 10.
Chenal (E.), fab. de tissus à Saint-Die (Vosges).
Chevalier de la mais. Chevalier Cheylus, 61, quai de Grenelle.
Chevalier (Michel) membre de l'Institut, av. de l'Impératrice, 27.
Chevé, chez M. Couin, banq. à Tours.
Chiris (E.), à Grasse (Var).
Chiris (L.), fab. de mat. prem. pour la parfumerie, à Grasse (Var).
Chocquel, fab. de tapis, 18, r. Vivienne.
Christofle, orfèvre, r. de Bondy, 56.
Cibiel (Th. père), propriétaire, rue Saint-Lazare, 97.

Gibiel (Th. fils), rue Saint-Lazare, 97.
Gibiel, administrateur, 24, av. Gabrielle.
Claude et Pécheur, filateurs, à Celles-sur-Haine (Vosges).
Claudon (Th.), ancien notaire, quai de Béthune, 26.
Claudon (G. fils), pre, rue Béranger, 6.
Claudon (Mme G.), rue Béranger, 6.
Claudon (B.), adr, place Royale, 4.
Claudon (Mme G.), place Royale, 4.
Claudon (G.), adr, place Royale, 4.
Clausse, fabricant de brosses, rue Saint-Martin, 191.
Clavier, doreur sur métaux, 29, rue des Gravilliers.
Claye, parfumeur, 317, r. St-Denis.
Claye, imprimeur, r. Saint-Benoît, 7.
Clemandot, fabricant de terres cuites, 18, rue Brochant, à Clichy.
Clerc (J.) Comm. en marchandises, 45, r. d'Hauteville.
Clerc (fils), de la mon Clerc Kayser et Ce, au Havre, r. de la Ch.-d'Antin, 22.
Clermont (de), 11, rue Barbette.
Clermont (de) nég., membre de la commission des valeurs de douane, rue Richer, 40.
Clermont (Th. de), boul. St-Michel, 8.
Clostre, négociant de la maison Charles Garnier, rue des Francs-Bourgeois, 58.
Clotilde (la princesse).
Cobus (L.), à Lunéville (Meurthe).
Cochin, de l'Inst., rue de Grenelle, 98.
Cogniet, négoc., fab. d'huile de pétrole, r. de la Chaussée-d'Antin, 23.
Cohn (A.), prés. de l'Œuvre des Apprentis israélites, r. Richer, 42.
Cohn (E.), passementier, 18, r. Turbigo.
Coignet, 38, rue de Rome.
Colard (Mme Ve), à Marseille.
Colcombet, fab. de rubans, à St-Etienne.
Collard (B.), fondateur de l'Ecole professionnelle au Havre.
Collége de Béziers (Hérault).
Collége Rollin, rue Lhomond.
Collége Ste-Barbe (le), pl. du Panthéon.
Collette, filateur, passage des Favorites, à Vaugirard.
Collin (A.), négociant, r. du Sentier, 37.
Collin (Alph.), verrier, 90, r, de Rivoli.
Collin, horloger, 118, rue Montmartre.
Collinot, parc des Prince, boul. d'Auteuil, à Boulogne, 11, Seine.
Combes (frères), banquiers à Mazamet (Tarn).
Combettes, avenue Villars, 10.
Comité de la Confession d'Augsbourg, r. des Arts, 15, à Levallois-Perret.
Compagnie générale d'assurances maritimes.
Conderc, avenue Juillé, à Limoges.
Conneau, docteur, 192, rue de Rivoli.
Cophin's (J.), s, 9, York place, Portman square, Londres.
Copin, syndic au trib. de comm., 17, r. Guénégaud.
Corbin (H.), rue Lafayette, 78.
Cornudet (Michel), 23, rue de la Chaise.
Corrard (T.), Grande-Rue, à Boulogne-sur-Seine.
Corrard (A.), rue de Monsigny, 17.
Cortadan (Mme), 39, faub. Poissonnière.
Cossé, nég. en tissus, r. du Sentier, 32.

Cosserat (fils), manufacturier, r. Saint-Martin, à Amiens.
Coste, anc. nég., 1, r. Grange-Batelière.
Coster, 17, rue de Châteaudun.
Cottin, rue de Morny, 8.
Coulon, membre de la Comm. des log. insal. boul. Haussmann, 101.
Coulonges (de), direct. de l'orphelinat d'Antin, r. Vavin, 86.
Courcelles (de), inspecteur général de l'imprimerie et de la librairie, rue de Beaune, 1.
Courcy (de), dir. de la cie d'assurances générales, r. de Richelieu, 87.
Courtade (l'abbé), 4, r. Folie-Méricourt.
Courtois, fab. de cuirs vernis, rue Bergère, 26.
Courvoisier, 126, rue Lafayette.
Cousin, Bibliot. à l'Arsenal, r. de Sully.
Cousin (Mme), à Villefranche-en-Rouergue.
Cousin (Mme), rue de Rivoli, 190.
Cousté, entrepreneur de travaux publics, quai des Célestins, 16.
Couturier, chez M. Durand, fr., à Vizille.
Couturier, boul. du Prince-Eugène, 53.
Couturier (Mme), rue Bleue, 19.
Créhange, comre, place Royale, 12.
Crété, imprimeur à Versailles.
Creusot (du), compagnie des forges.
Croizier-Baudier (comte de), rue de Turin, 15.
Cros, fabricant à Mazamet (Tarn).
Cubain (A.), 19, b. du Prince-Eugène.
Cunin-Gridaine, manufacturier à Sedan.
Cuttoli (l'abbé de), vicaire général, palais archiépiscopal.
Cuvillier, nég., r. de la Paix, 16.
Cuyver-Bresson, 86, boul. Sébastopol.
Dagron, photographe, rue Neuve-des-Petits-Champs, 66.
Daguin, négt en sels, r. Geoffroy-Marie, 5.
Daliphard, à Radepont (Eure).
Dallemagne, prop., q. des Orfévres, 6.
Dames de S-Joseph, au Puy.
Danset, fil., à Marcq.-en-Barœul (Nord).
Darblay (jeune), rue de Rivoli, 156.
Darblay (P.) fils, rue de Rivoli, 86.
Darroux, rue Condorcet, 60.
Dassonville et Phalempin, manufact. à Halluin.
Daubrée, membre de l'Institut, rue de Grenelle, 91.
Dauddrée, rue de Rivoli, 174.
Daumas, rue Oberkampf, 22.
Daumas (Mme), rue Oberkampf, 24.
Dauphin, négt, à St-Étienne (Loire).
Dausse, juge suppléant, rue S-Fuscien, à Amiens.
Dautremer, filateur, à Lille.
Daux, bijr, Gal. Montpensier, Pal.-Royal.
Davanne (A.), rue Neuve-des-Petits-Champs, 82.
David (André), à Saint-Etienne.
David Trouiller et Cie, rue du Sentier, 27-29.
David (J.), rue Ste-Anne, 50.
Davillier, Président de la Chambre de commerce, rue Roquépine, 14.
Davillier (Melle Léonie), rue Neuve-des-Mathurins, 88.
Davillier (L.), avenue Percier, 10.
Davin, filat. de laines, rue Albouy, 25.
Dazet, avoué, quai de la Mégisserie, 20.

Debain, fab. de pianos, place Lafayette.
Decaux, r. Notre-Dame-des-Champs, 107.
Decaux, boul. Montparnasse, 172.
Defonds, nég. en toiles, r. Mercière, 40, à Lyon.
Deforges, passem., r. Saint-Sauveur, 4.
Degenetais frères, à Bolbec (Seine-Inf^re).
Degermann (E.), tiss., à Ste-Marie-aux-Mines.
Degousse, batteur d'or, Faubourg-Saint-Martin, 147.
Degrois, fabricant de bijoux, rue de Turbigo, 89.
Dehaynin, Faubourg-Saint-Martin, 188.
Dehais, r. d'Amsterdam, 80.
Deleuil, fab. d'instruments de précision, rue du Pont-de-Lodi, 6.
Dejean, orfévre, r. du Cloître-N.-Dame, 20.
Delafontaine, rue Amelot, 108.
Delage, r. Bonaparte, 108.
Delagrave, édit., rue des Ecoles, 78.
Delalain, imp., rue des Ecoles, 76.
Delangre, filateur, à Armentières (Nord).
Delaporte (Mlle), artiste au théâtre du Gymnase.
Delassus Famechin et fils, à Amiens.
Delaunay (A.), sténographe, avocat, rue de Tournon, 20.
De la Vallée, r. de Rambuteau, 37.
Deléaze, avocat, rue de Turbigo, 18.
Delerot, boulevard de la Reine, 113, à Versailles.
Delessert (E.), r. Raynouard, 17 (Passy).
Delettrez, rue Charlot, 62.
Delettrez, parfum., rue d'Enghien, 11.
Delharpe, teinturier-apprêteur, à Tarare.
Délicourt, Faubourg Saint-Honoré, 43.
Delisle, archit., Gr.-rue, à Boulogne, 85.
Delputte, insp. du travail des enfants, à Tourcoing.
Delvaille, rue de la Douane, 13.
Delvincourt, verrier, avenue de Paris, à St-Denis, à Paris, boul. Magenta, 148.
Demeyère, grav., rue d'Argout, 67.
Demougeot, avocat, boulevard Haussmann, 73.
Deneuville, rue Oberkampf, 22.
Denière (Mme), boul. Malesherbe, 29.
Denis, court. en vins, port de Bercy, 10.
Dequoy et Ce, filateurs, à Lille.
Derbann, direct. de la Cie d'assurances maritimes, place de la Bourse, 5.
Deren (H.), fab. de toiles, à Armentières.
Dernis, com^re-pris., r. d'Hauteville, 72.
Deroche, prop., av. de la Tourelle, à St-Mandé.
Derriez, fondeur en caractères, rue N.-D.-des-champs, 12.
Derval, artiste au théâtre du Gymnase.
Deschamps, de la maison Dupont et Deschamps, à Beauvais.
Descamps, m^d de charbon, rue de la Ferme-des-Mathurins, 8.
Des Essarts, r. François Ier, 18.
Desfontaines, horloger, Galerie Montpensier, 13 (Pal.-Royal).
Desfourneaux, associé de la maison Leclaire, rue Saint-Georges, 11.
Deshayes, nég^t, boul. des Italiens, 27.
Désir (Melle), 41, r. Jacob.
Desnoix (Mlle), r. du Temple, 22.
Desnoix, pharmacien, rue du Temple, 22.
Destors boul. St-Michel, 95.

Desvernay, rue de Rivoli, 83.
Detouche, horloger-bijoutier, rue Saint-Martin, 230.
Deutsche, négoc., rue de Flandre, 108.
Devalois, Rég^t de la Banque, r. Joubert, 81.
Devinck, manuf., rue St-Honoré, 175.
Dheur, rue du Val-de-Grâce, 9.
Didier (Jean), de la Cristallerie de St-Louis, rue de Paradis-Poissonnière, 30.
Didot (P.), membre du tribunal de commerce, rue des Saints-Pères, 8.
Diémer, (E.) à Ste-Marie-aux-Min. (H^t-Rhin).
Dietz-Monin, de la maison Monin, rue du Château-d'Eau, 11.
Dietsch, à Liepvre (Haut-Rhin).
Dillé, ch. de div. au min. des trav. publ., r. de Bourgogne, 5, à Meudon.
Doistan père, négoc., boul. du Prince-Eugène, 60.
Doistan fils, boul. du Prince-Eugène, 60.
Dollfus (A.), président de la Société industrielle de Mulhouse.
Dollfus (B.), manufacturier, à Dornack.
Dollfus (G.), manufacturier, à Mulhouse.
Dollfus (E.), coloriste, à Dornack.
Dollfus (Galine), à Mulhouse.
Dollfus (Jean), à Mulhouse.
Dommartin, rue des Petites-Ecuries, 13.
Donnon, rue de la Chaussée-d'Antin, 53.
Doranges, r. de Bagnollet, 96 (Charonne).
Dorvault, direct. de la pharmacie centrale des pharmaciens, rue de Jouy, 7.
Doucet, rue de la Paix, 21.
Douniol (Ch.), éditeur, r. de Tournon, 29.
Drapier, bandagiste, rue de Rivoli, 4.
Dreyfus (P.) et Cie, à Mulhouse.
Dreyfus (E.), nég., r. d'Aboukir, 50.
Dreyfus (L.) nég., à Cette (Hérault).
Drouet, banquier, à Mazamet (Tarn).
Drouin, négociant en drogueries, rue Sainte-Croix-de-la-Bretonnerie, 21.
Drouin de Lhuys, r. François Ier, 47.
Droullers Agache, filateurs, à Lille.
Drumont-Baxler et Ce, filateurs, à Lille.
Dubaut, rue de Rivoli, 20.
Duboc, cité Malesherbes, 6 ter.
Dubochet, prés. de la comp. du gaz, rue Condorcet, 6.
Dubois, nég., r. de Provence, 46.
Dubois, ministre d'Haïti, à Port-au-Prince, rue Blanche, 35.
Dubonnet, r. Ste-Anne, 49 bis.
Dubosc, fab. de bois de teinture, au Havre.
Dubourguet, rue Saint-Jacques, 21.
Dubrunfaut, chimiste, ruelle des Meuniers, 6, à Bercy.
Dubufe (E.), rue d'Aumale, 13.
Ducel fils, Faubourg-Poissonnière, 26.
Ducellier, insp. d'ins. prim., 1, r. de Lille.
Duchesne Fournet (Mme), à Lisieux).
Ducholet, président de la Société des fab. et artisans, rue de la Verrerie, 2.
Ducloux, notaire, r. Boissy-d'Anglas, 9.
Ducommun (J.) et Cie, à Mulhouse.
Dufau (Mme), rue Royale, 26.
Dufié, avenue Friedland, 5.
Dufour (Mme L.), avenue Montaigne, 2
Dufourmantelle, boul. Magenta, 135.
Dufresne, statuaire, à Étampes.
Dulac (L.), manufacturier à Lille.
Dulac, fab. d'engrais, ing. des arts-et-métiers, r. d'Hauteville, 65.
Dulfoy, à Moscou.

Dulfoy, à Moscou.
Duluat, ancien négociant, rue de Magenta, 12 (Auteuil).
Dumas, secrét. perpét. de l'Acad. des Sciences, rue Saint-Dominique, 69.
Dumas (A.) fils, av. de Wagram, 120.
Dumas (Mme), rue Saint-Dominique, 69.
Dumas Gardeux, fab. de brosses, rue Geoffroy-Langevin, 17.
Dumery, ingénieur civil, boulevard des Batignolles, 24.
Dumoulin Froment, fab. d'instruments de précision, r. N.-D.-des-champs, 85.
Dumoulin-Froment (Mme), rue Notre-Dame-des-Champs, 85.
Dumoulin-Froment (Mlle), rue Notre-Dame-des-Champs, 85.
Dumoustier, dir. du commerce intérieur au minist. de l'agriculture et du comm.
Dupin (baron Ch.), membre de l'Institut, rue du Bac, 118.
Duplay et Repelin, marchand de soieries, à Lyon.
Duponchel, maître verrier, à Sars-Poteries (Nord).
Dupont (P.), imprimeur-typographe, rue Jean-Jacques-Rousseau, 45.
Dupont de l'Eure, à l'Ecole d'architecture, rue d'Enfer, 59.
Dupont, inspecteur du trav. des enfants du département du Nord, à Lille.
Dupont et Deschamps, fab. de tabletterie, à Beauvais (Oise).
Dupont et Dreyfus, maît. de forges, à Ars-sur-Moselle.
Dupuis, notaire, à Château-Thierry.
Dupuy de Lome, rue St-Honoré, 374.
Duquesnay (l'abbé), curé de Saint-Laurent, Faubourg-Saint-Martin, 119.
Durand (Horace), fabricant de pailles, rue des Petites-Ecuries, 7.
Durand (A.), manufacturier, à Tours.
Durand frères, fab., à Mazamet (Tarn).
Durand frères, r. de l'Arbre-Sec, à Lyon.
Durand, courtier, à Cette (Hérault).
Durangel, chef de division au Ministère de l'Intérieur.
Dureau, dir. du Journ. des fab. de sucre, boulevard Magenta, 99.
Durenne, Constructeur, à Suresnes.
Durney, à Nanterre (Seine).
Durouchoux, nég. r. du Bac, 94.
Druny, r. de Rennes, 82.
Dusacq, éditeur d'estampes, boulevard Poissonnière, 14.
Dussautoy, r. Rochechouart, 65.
Duval (V.), rue d'Argout, 18.
Duvelleroy, éventailliste, passage des Panoramas, 17.
Duvergier, rue des Saints-Pères, 9.
Duvergier (A.), ingénieur-constructeur, rue Saint-Cyr, à Lyon (Vaise).
Duvergier, sec. gén. de la préf. de pol.
Duvivier (L.), docteur de la Commission des logements insalubres, rue de la Ferme-des-Mathurins, 28.
Ecole Centrale des Arts-et-Manufactures.
Ecole des Arts-et-Métiers d'Aix.
Ecole des Arts-et-Métiers d'Angers.
Ecole des Arts-et-Métiers de Châlons.
Ecole des Mines, boul. St-Michel, 60.

Ecole des Mineurs de St-Etienne.
Ecole des mineurs d'Alais.
Ecole des Ponts et Chaussées, rue des Saints-Pères.
Ecole d'Horlogerie de Cluses.
Ecole Normale supérieure, à Paris.
Eichens, constructeur d'instruments de précision, rue d'Enfer, 77.
Elambert, rue de Londres, 23.
Elèves du lycée Louis-le-Grand, rue Saint-Jacques, 123.
Elèves du pensionnat des frères de Passy, rue Basse, à Passy.
Elèves de l'Ecole libre des R. P. Jésuites, rue de Vaugirard.
Elie Baille, président de la chambre de commerce, à Nancy (Meurthe).
Engel Dollfus, à Mulhouse.
Engel (Gustave), à Mulhouse.
Engel Gros, à Mulhouse.
Erdeven, avocat, rue Barbette, 8.
Erlanger (Michel), place Royale, 9.
Escaille et Montholon (de l'), rue d'Aboukir, 68.
Essique, rue de Turenne, 80.
Estelle, inspecteur du travail des enfants, à Mazamet (Tarn).
Fabre (Paul), procureur général près la Cour de cassation, rue Jacob, 3.
Faconnet, graveur, rue Mandar, 1.
Falize aîné, rue Montesquieu, 6.
Faniand, courtier, à Cette (Hérault).
Faranssohn, r. Paradis-Poissonnière, 40.
Farcot, mécanicien, à Saint-Ouen.
Faure Baulieu, fabricant d'ouates, rue de Tanger, 18 et 20 (Villette).
Fauvelle Delebarre, fab. de peignes de caoutchouc, boul. Bonne-Nouvelle, 10.
Favard, rue d'Aguesseau, 18.
Favart (Melle), de la Comédie française, r. des Ecuries-d'Artois, 22.
Favé, général, commandant de l'Ecole polytechnique, rue Descartes, 21.
Favier, fleuriste, rue des Jeûneurs, 27.
Fay (de), agent de change, rue des Moulins, 21.
Feil, ft de verres d'optique, r. des Fossés-St-Marcel, 56.
Feray, filateur, à Essonne.
Fère, vice-président de la Chambre de commerce, rue Halévy, 12.
Féron Vrau, rue du Pont-Neuf, à Lille.
Ferrières (Sylvestre de la), syndic des courtiers de commerce, rue Blanche, 8.
Festugières, auditeur au Conseil d'Etat.
Feugères, courtier de commerce, place de la Bourse, 15.
Février fils, rue Bayard, 2.
Flavelli, empl. au minist. des finances, r. Taranne.
Fleutiaux, doct. méd., b. des Filles-du-Calvaire, 62.
Fleury, teinturier, membre du Conseil municipal, à Amiens.
Flobert, archit., vérif., rédac. technique du *journal des Bâtiments*, b. St-Michel, 7.
Flour, directeur du patronage d'apprentis, à Boulogne-sur-Mer.
Fluhr (H.), à Mulhouse.
Fontaine (C.) av. de Paris, à Versailles.
Fontaine, boulevard Beaumarchais, 98.
Forcade de la Roquette (de), rue Moncey, 9.

Forget, censeur du Comptoir d'escompte, rue de Courcelles, 14.
Forqueray, ingénieur de la Compagnie du gaz, rue de Laval, 24.
Fortier (G.), tapissier, r. St-Honoré, 290.
Fouché Lepelletier, ancien député, rue de Grenelle, 85.
Fouchet (Mme), Faub.-Poissonnière, 39.
Fouchet (A.), de la maison P. Fouchet frères, Faubourg-Poissonnière, 7.
Fougasse, rue d'Algérie, à Lyon.
Fould (P.), avocat, faub. St-Honoré, 43.
Foulonneau, galerie Vivienne, 4.
Fouquet-Lemaire, filateur, à Rouen.
Fouquier, rue de Rivoli, 236.
Fourcade, ancien fabricant, rue d'Amsterdam, 67.
Fourdinois, fabricant de meubles, rue Amelot, 46.
Fourment (Bon de), bd Haussmann, 180.
Fournier frères, tissage à Amiens.
Fournier, place des Victoires, 5.
Fournier, trésor. du minist. de la guerre.
Fournier, filateur, boulev. Voltaire, 8.
Fraisse, princal du collège, à Montluçon.
Franchetti (Mme), r. Godot de Mauroy, 24.
Franchomme, professeur au Conservatoire de musique, rue Labruyère, 10.
Francillon, teinturier, à Puteaux.
Franck et Cie, fab. de toiles métalliques, à Schelestadt (Haut-Rhin).
François, fab. de fouets, r. St-Denis, 278.
Franqueville (de), chât. de la Muette, à Passy-Paris.
Frazer, avenue Montaigne, 2.
Frémont Mustel, rue Bertin-Poirée, 14.
Frémy, inventeur d'appareils électriques, place de l'Impératrice, 1, à Lyon.
Frère (Mme), rue des Feuillantines, 91.
Freté, Muret et Cie, fab. de cordages, boulevard Sébastopol, 12.
Fréville (A.), agréé au Tribunal de commerce, boulevard Haussmann, 58.
Fréville fils, étud., bd Haussmann, 58.
Froger de Mauny, juge de paix de Neuilly, rue Matignon, 10.
Fromage (L.), fab. de tissus élastiques, à Darnetal (Rouen).
Froment-Meurice (Mme), rue de la Pépinière, 42.
Froment-Meurice, joaillier, rue Saint-Honoré, 372.
Fromentin (Mme), artiste du Gymnase, boulevard Magenta, 32.
Fulerand, principal du collége, à Lunel (Hérault).
Fumouze frère, pharmen, à Saint-Denis.
Fumouze fils, boulevard Magenta, 89.
Fuzier (Constant), avocat, rédacteur en chef du *Bâtiment*, pl. Dauphine, 27.
Gagneau, fabricant de bronzes, rue Lafayette, 115-117.
Gaillard (M. le Président), à Beauvais.
Gaillard, fabricant de trousses de voyage, rue du Temple, 131.
Galante, fabricant d'appareils en caoutchouc, rue de l'Ecole-de-Médecine, 28.
Galet, rue Saint-Honoré, 117.
Galibert (frères), filateurs, à Mazamet.
Galichon, nég., quai de Béthune, 18.
Gallet, rue de Villejust, 20.
Gandillot, fabricant de tubes en fer, rue Clausel, 22.

Gannal, rue de Seine, 6.
Garby, nég., port de Bercy, 12.
Garby (Mlle), rue de Charenton, 250, (Bercy).
Garcin (J.), rue Blanche, 72.
Garcin fils, rue Blanche, 72.
Garcin-Dufort (Mlle), rue Blanche, 72.
Garnier (Charles), père, négociant en drogueries, boul. Malesherbes, 39.
Garnier (Charles), fils, rue des Francs-Bourgeois, 58.
Garnier (E.), manuf., rue Daval, 5.
Garrie (A.), fab., à Mazamet (Tarn).
Gau (Elisé), fab., à Mazamet (Tarn).
Gau, filateur, pont de Larn, par Mazamet (Tarn).
Gaudier (Mme), boul. Richard-Lenoir, 25.
Gaudonnet, facteur de pianos, rue de Seine, 79.
Gaupillat, ft d'amorces, r. Rambuteau, 50.
Gauthier, docteur, rue de Moscou, 36.
Gautherin (Paul), principal clerc d'avoué, rue Racine, 10.
Gautier, taillandier, membre de la comm. des val. de Douane, r. du Temple, 20.
Gautier Bouchard, fab. de couleurs et vernis, rue du Parc-Royal, 14-16.
Gautier, proviseur au lycée, à Rouen.
Gautreau, boul. Malesherbes, 48.
Gautrot aîné et Cie, r. de Turenne, 80.
Geistodt, négociant, à Colmar.
Gelis, rue Meslay, 47.
Gellé, parfumeur, rue d'Argout, 35.
Gellé (Mme), rue d'Argout, 35.
Gelly, filature et tissage mécaniques, à Hustenheim, près Benfold (Ht-Rhin).
Gendre (C.), r. du Puits Gaillot, à Lyon.
Geneste, fabricant d'appareils de chauffage, rue du Chemin-Vert, 54.
Geoffroy-Saint-Hilaire, Dr du Jardin d'acclimatation, au bois de Boulogne.
Georges (Octave), négociant, rue Saint-Louis, 22, à Saint-Etienne.
Gérard, de la maison Aubert et Gérard, fab. de caoutchouc, rue du Théâtre, 105, à Grenelle.
Gérard, gérant de la phie Lamouroux, rue de Rivoli, 136.
Gérard, rue Béranger, 3.
Germiny (comte Eugène de), avocat, r. du Bac, 32.
Gérôme, art. peintre, r. de Bruxelles, 6.
Gerson et Wéber, fab. de nécessaires, rue du Temple, 140.
Getz (S.), négoc., rue d'Hauteville, 26.
Ghesquière-Grimonprez, filateur, rue de l'Espérance, à Roubaix.
Gibert (Mme G.), rue Malher, 30.
Gibou, raffineur de mélasses, rue de l'Argonne, 10 (La Villette).
Gigot (A.), quai Voltaire, 11.
Gille (Mme), rue des Jeûneurs, 27.
Gillet (F.) père, à Lyon.
Gillet (F.) fils, à Lyon.
Gillet et fils, teinturier, quai de Serin, 9, à Lyon.
Gillou, fabricant de papiers peints, passage Vaucanson, 57.
Gimpel, man., à Echery, près Ste-Marie-aux-Mines (Ht-Rhin).
Gimpel, directeur de l'Ecole israélite à Mulhouse.
Gindre (A.), prop., b. de Neuilly, 85.

Giot, maire de Saint-Denis.

Giraud (H.), employé au Comptoir d'escompte, rue de la Victoire, 86.

Giraudeau et fils, r. des Jeûneurs, 33.

Girault, rue de Montmorency, 10.

Glénard, fab. de filets, Faubourg-Poissonnière, 12.

Gobley, ancien pharmacien, membre de l'Académie de médecine, rue de Grenelle, 34.

Godard Desmarest, président du Conseil d'adm. de Baccarat, r. de Paradis, 30.

Godchaux, éditeur de cahiers d'écritures, rue de la Douane, 10.

Godefroy, rue Saint-Denis, 317.

Godillot (Alexis), r. Rochechouart, 54-61.

Godin Lemaire, à Guise (Aisne).

Goffin, Président de la Société des amis de l'Enfance, rue Sauval, 3.

Goguel, pasteur, à Ste-Suzanne, près Montbéliard (Doubs).

Goldemberg, à Zornhoff, près Saverne (Bas-Rhin).

Goldschmidt (Léo), rue d'Aumale, 27.

Gomel, rue des Moulins, 12.

Gonelle, dessinaieur en châles, rue du Mail, 6.

Gonelle (Frédéric), rue du Mail, 6.

Gontard, fabricant de savons, rue de l'Echiquier, 42.

Gosse (fils), marchand verrier, rue de Paradis-Poissonnière, 32.

Gossin (fils), sculpteur ornemeniste, boul. Voltaire, 89.

Gossin (Mme), rue de la Roquette, 57.

Gouchon, teinturier, à Lisieux.

Gouin (E.), banquier, à Tours.

Gouin, vice-président de la Chambre de commerce, rue Cambacérès, 4.

Gourdault (Mme), rue de Lyon, 81.

Goux, rue de Longchamps, 13.

Goy, rue Saint-Sauveur, 4 bis.

Goyetche, directeur de la compagnie transatlantique, b. de la Madeleine, 17.

Grados, estampeur, repousseur en zinc, boulevard Richard-Lenoir, 112.

Granjean, à Landernau.

Granval, de la ch. de comm. de Marseille.

Gravelin fils, rue de Louvois, 10.

Gréard, inspecteur de l'Académie.

Grellou, nég., rue François Ier, 21 et 23.

Gresland, filat., place d'Aligre, 2.

Griffon, nég., rue Saint-Martin, 285.

Grime (Alb.), rue N.-D.-des-Victoires, 42.

Grimenger, consul d'Oldenbourg, rue de la Chaussée-d'Antin, 15.

Grison, teinturier, à Lisieux.

Grison, fab. de literie, Fg-St-Antoine, 2.

Grondard (Mme), rue Rossini, 1.

Grognet (H.), filateur, rue de la Prairie, au Petit-Saint-Roch (Amiens).

Grohé, fabricant de meubles, avenue Villars, 4.

Gros (G. G.), à Mulhouse.

Grosjean, rue de la Victoire, 12.

Grosjean (Mme), rue de la Victoire, 12.

Grosheintz, à Saint-Pierre, près Barr (Bas-Rhin).

Grosselin, quai de la Mégisserie, 14.

Groult, fabricant de pâtes alimentaires, rue Sainte-Appoline, 12.

Gruet, de la maison Risler et Gruet, tiss. à Mulhouse.

Gruner, ins. des mines, r. d'Assas, 184.

Gruyer, fabricant de parapluies, rue Sainte-Appoline, 2.

Guastala (Mme), rue de la chaus. d'An.

Guérin (E.), fab. de châles, r. Bergère, 12.

Guerlain (J.), rue de la Paix, 15.

Guerlain (A.), rue de la Paix, 15.

Guerre, rue Cail, 17.

Gueugnier, rue du Temple, 159.

Gueurre (Mme Ch.), rue Cail, 17.

Guibal, membre de la Chambre de commerce, rue Vivienne, 40.

Guibert, président de la conférence de Saint-Vincent-de-Paul, rue Laffitte, 21.

Guichard fils, président du Conseil des Prud'hommes, à St-Junien, (Hte-Vienne).

Guillaume, imprimeur sur étoffes, rue Napoléon, à Saint-Denis.

Guillemin (A.), rue Vivienne, 13.

Guilleminot, instituteur, à Saint-Denis (Seine).

Guillocheau (Eugène), ouvrier ferblantier, place Royale, 17.

Guillou, nég. en huiles, rue Pavée, 13, au marais.

Guinet, fabricant, r. du Griffon, à Lyon.

Guiraud, (E.), fab., au Nouvela par Mazamet.

Guiraud, percepteur, à Mazamet.

Guizot (G.), boulevard Malesherbes, 53.

Gundelach, à Manheim (gr.-d. de Bade).

Guth (frères), à Mulhouse.

Guy, négociant, quai de Valmy, 157.

Guynet, fabricant de baptiste, rue du Sentier, 33.

Haas, négociant, fabricant de casquettes, rue du Temple, 71.

Hachette et Cie, boul. St-Germain, 77.

Haffner, filature de coton, à Sainte-Marie-aux-Mines.

Haguelon, nég., rue de Rivoli, 10.

Halluin (l'abbé), directeur du patronage d'Arras.

Halma, vérificateur de travaux en bâtiments, r. Lebergier, à Reims.

Halphen (Ch.), orfre, rue d'Hauteville, 4.

Halphen (J.), rue Le Peletier, 6.

Halphen (S.), rue Taitbout, 81.

Halphen (A.), rue Neuve-St-Augustin, 4.

Halphen (G.), rue Drouot, 18.

Halphen (G.), membre de la Chambre de commerce, rue Chaptal, 24.

Hamelin, manuf., av. de Messine, 36.

Hamelin (Mme), avenue de Messine, 26.

Hamon, boul. de Courcelles, 76.

Hardy Milori, fabricant de couleurs, rue des Francs-Bourgeois, 46.

Hardy (E.), doctr, r. des Sts-Pères, 71.

Hardy (E.), mécanicien, av. de la Motte-Piquet, 6.

Hardy, architecte du Palais de l'Exposition, rue de Grenelle, 69.

Haret, rue de Bruxelles, 16.

Harmel frères, au Val-des-Bois, par Barancourt (Marne).

Hartel (E.), nég., r. de Charenton, 250.

Hartel (Mlle), rue de Charenton, 250.

Hartmann Liebach, à Mulhouse.

Hartmann Richard et Ce, à Erstern (Bas-Rhin).

Hartog, fab. de boutons, rue Richer, 12.

Haussmann (baron), ancien Préfet de la Seine.

Hayem père, fabricant de chemises, rue du Sentier, 38.
Hayem (J.), avocat, rue du Sentier, 38.
Hayem (C.), rue du Sentier, 38.
Hayem (G.), rue du Sentier, 38.
Hayem (A.), boul. Voltaire, 145.
Héart (A.), bd Malesherbes, 86, (en Chine).
Hélain, épurateur d'huiles, rue Vieille-du-Temple, 26.
Helouis, passementier pour or et argent, bd Saint-Martin, 55.
Hement, professeur à l'école Turgot, rue Rochechouart, 56.
Hémery (Victor), maître verrier, à la Grande-Vallée, près de Blangy-sur-Bresle (Seine-Inférieure).
Hendlé (E.,) rue Lepeletier, 22.
Hennequin, rue de Châteaudun, 46.
Hénon aîné, anc. nég., bd St-Michel, 133.
Hénon (V.), pre, rue des Deux-Portes-Saint-Jean, 7.
Henon, fils aîné, courtier en marchandises, rue de Marengo, 6.
Henry, contre-maître chez M. Collinot, à Boulogne-sur-Seine.
Hérelle, propriétaire, rue Greffulhe, 8.
Héricé, rue du Parc-Royal, 12.
Héricourt (Mme), rue Réaumur, 42.
Hermann, fabricant de chocolat, rue de Charenton, 92.
Hermier, émailleur, au Bourget.
Hérold, artiste au théâtre du Gymnase.
Herscher (Mme), r. du Chemin-Vert, 34.
Herscher, constructeur d'appareils de chauffage, rue du Chemin-Vert, 42.
Herscher (E.), ingénieur-constructeur, rue du Chemin-Vert, 34.
Hersent, entrepren. de travaux publics, rue de Monceaux, 71.
Hersent (le docteur), r. de Grenelle, 102.
Hertemathe, boul. Saint-Michel, 63.
Hervé Mangon, r. Saint-Dominique, 69.
Herzog (Antoine), manufacturier, au Logelbach, près Colmar (Haut-Rhin).
Hibert, comptable, à Gisors.
Hiélard, fab. de fleurs, r. du Caire, 13.
Hiélard (Mme), rue du Caire, 13.
Hiélard (Mlle), rue du Caire, 13.
Hierstel frères, tissage et filature à Saint-Quentin.
Hodde (de la), avocat, rue Laffitte, 56.
Hoffmann (P. et Ce), fab. de tissus, à Roubaix.
Hollond, rue de la Ville-l'Evêque, 5.
Homberg, inspecteur général des Ponts-et-Chaussées, rue Notre-Dame-des-Champs, 105.
Horevitze, rue de Buffault, 21.
Horstmann, filature et tissage, à Haguenau (Bas-Rhin).
Houette, ft de cuirs vernis, r. Richer, 23.
Houget, manuf., à Verviers (Belgique).
Houzeau, professeur de chimie, à Rouen.
Hubault (E.), rue Saint-Martin, 71.
Hubault, prof. d'histoire au lycée Louis-le-Grand, rue Bonaparte, 13.
Huet (E.), fab. de caoutchouc, rue de l'Echiquier, 90.
Hugla, président du syndicat général du bâtiment, à Bordeaux.
Hugues, parfumeur à Grasse.
Huillard aîné, fab. de drogueries pour teinture, rue Vieille-du-Temple, 15.

Hulmann frères, à Mulhouse.
Hulot, direct. de la fab. des timb.-poste, Hôtel des Monnaies.
Hulot (l'abbé d'), vicaire à St-Ambroise, rue Folie-Méricourt, 4.
Humberger, quai Jemmapes, 310.
Husny-Bey (M. le commandant), rue Violet, 16.
Hussenot, juge au Trib. de Commerce, rue du ail, 1.
Hutter, me-verrier, à Rive-de-Gier.
Imbleval (d'), me verrier, à Resménil, par Blanzy-sur-Bresle (Seine-Infér.).
Isidore Lazare, grand rabbin de France, rue Notre-Dame-de-Nazareth, 30.
Jabineau, memb. du Comité consult. des arts et manuf., r. du Marché, 2, à Passy.
Isnard (Mme G.), à Grasse (Var).
Jacquet, admin. à la Caisse des assur. coopératives, rue des Pyramides, 5.
Jacquin, mécan., rue d'Enfer, 37.
Jacqz (G.), président de la Philanthropie commerciale et industrielle du département de la Seine, rue Neuve-Bossuet, 16.
Jammes de Lagoutine (Estelle), prés. de la confrérie de St-Vincent-de-Paul, à Mazamet (Tarn).
Janietels, banq., rue Vivienne, 53.
Jannin (J.) (Mlle), rue de Provence, 49.
Japy, de la maison Japy, Martin, Roux, boulevard Voltaire, 3.
Jarrié, Galer. Montpensier, Palais-Royal.
Javal (Léopold), député, r. d'Anjou-St-Honoré, 4.
Javey, nég., rue Saint-Denis, 372.
Jean (Ch.), fabricant de boutons, rue Saint-Saint-Antoine, 246.
Jeanin (le baron), rue de Grenelle.
Jeanty Arnault, md de grains, r. des Quatre-Fils, 5.
Jehl, représentant de comme, à Mazamet.
Jemot (Mme), à Epernay (Marne).
Jérôme David (bon), av. des Champs-Elysées, 75.
Jessé, place de la Madeleine, 13.
Jeuffrain (P.), manufact. à Louviers.
Jeuffrain (A.), ancien président du tribunal de commerce, à Louviers.
Jeuffrain (P,) fils, à Louviers.
Joannès, propriétaire, rue Neuve-des-Mathurins, 118.
Joinville (de), cité Trévise, 7.
Joltrois, prés. de la ch., à Bischwiller (Bas-Rhin).
Joriaux (E.), rue Richer, 39.
Joukiaire (de la), ing., r. Jean de Bologne, villa Fédor, à Passy.
Jourdan Brives, fils aîné, place Castellane, à Marseille.
Jourdain, rue de Penthièvre, 7.
Juillard et Megnin, à Mulhouse.
Julia, rue Poussin, à Passy.
Julien, anc. dir. du Commerce extérieur au Ministère de l'agriculture et du commerce.
Junquet, négociant, r. du Mail, 7.
Kemp et Dyson, manufacturiers, à Mill Lane Leicester.
Keuss, cons. des hypoth., à Schelestadt.
Kiéner (Christian), filat. et tiss., à Eloyes, près Remiremont (Vosges).
Kieulin et Ce, mr, à Ste-Marie-aux-Mines.

Klotz, négociant, pl. des Victoires, 2.
Koechlin (J.), rue St-Fiacre, 9.
Koechlin (A.), à Mulhouse.
Koechlin (d'Audiran), à Mulhouse.
Koechlin (Fritz), à Mulhouse.
Koechlin (Charles), à Mulhouse.
Koechlin (Emile), anc. maire, à Mulhouse.
Koechlin (Schwarz), nég. à Mulhouse.
Koehler (Ed.), tann. et fournitures militaires, à Strasbourg.
Kolle (E.) frères, mécaniciens, rue de Finkviller, à Strasbourg.
Komar (comte de), rue de Turin, 8.
Krafft, rue d'Hauteville, 6.
Kuhlmann, manufacturier à Lille.
Labbé (E.), maison Labbé Joriaux, rue de Choiseul, 15.
Labelonye, rue d'Hauteville, 21.
Labouret père, r. de la Victoire, 98.
Labouret fils, rue Saint-Lazare, 101.
Labouret (C.), avoc., r. de la Victoire, 98.
Labouret (Mme A.), rue St-Lazare, 101.
Lacarrière (E.), fab. d'appareils à gaz, rue de l'Entrepôt, 16.
Lacarrière (E.)(Mme), r. de l'Entrepôt, 16.
Lacarrière, rue de l'Entrepôt, 16.
Lachaud, avocat, rue Bonaparte, 11.
Lacour (J.-B.), apprêteur, à Ste-Marie-aux-Mines, (Haut-Rhin).
Lacroix, fabric. de couleurs vitrifiables, r. Parmentier.
Lacroix, fab. de pap., r. Mazarine, 60.
Laederich et Ce (Ch.), à Mulhouse.
Laffitte (P.), rue Chabannais, 8.
Lagarde (l'abbé), vicaire général, palais archiépiscopal.
Lagoutte (J.), mait. de forges, rue des Ardennes, 3.
Lagrenée (Mme), rue Portalis, 9.
Laillier, prop., r. Impériale, à Marseille.
Laisné (Omer), courtier de commerce, rue de l'Echiquier, 30.
Lallemand, manuf. à Sénones (Vosges).
Lallemand, rue Joubert, 14.
Lamaille (Mme), rue de la Ferme-des-Mathurins, 16.
Lambert, rue Godot-de-Mauroy, 1.
Lambry (l'abbé), direct. du patronage de Troyes.
Lamé - Fleury, ingénieur des mines, rue de Verneuil, 62.
Lamoureux, imprimeur en taille-douce, rue Lacépède, 38.
Lamy, emballeur, r. St-Denis, 356.
Lance (Mme), rue Treilhard, 15.
Landon, r. Montorgueil, 67.
Lang et fils, fab. de tôles métalliques, à Scholestadt (Haut-Rhin).
Lang (I.) et fils, manufacturier à Sainte-Marie-aux-Mines.
Lange, fabricant, à Lisieux.
Langénieux (l'abbé), curé de St-Augustin.
Langlois de Neuville, r. d'Amsterdam, 21.
Langlois, fab. de marbres, président du syndicat général, r. Folie-Méricourt, 24.
Langlois, nég. en soies, r. Turbigo, 27.
Lannes (J. C.), mr, à Agen (Lot-et-Gar.).
Lanquetin, docteur, r. d'Amsterdam, 33.
Lanquetin, nég., quai d'Orléans, 14.
Lanquetin (S.), boul. Saint-Germain, 9.
Lanseigne, admin., rue d'Hauteville, 48.
Lanseigne (Mme), rue d'Hauteville, 48.

Lantar, doct. en méd. à Mazamet (Tarn).
Lantrac, ingénieur chez M. Cail, rue Champagny, 5.
Larivière, propr., r. Montesquieu, 8.
La Roche-Joubert-Lacroix, fabricant de papiers, rue Jean-Lantier, 10.
Larrey (baron), rue de Lille, 91.
Larsonnier (G.), rue des Jeûneurs, 23.
Larsonnier, à Puteaux.
Las Cases (comte de), rue de la Pompe, à Passy.
Lassource, fabricant, à Mazamet.
Latour, man., r. Montorgueil, 63.
Latry, fab. de couleurs et bois durci, rue du Théâtre, à Grenelle.
Laumaillier père et fils, rue des Deux-Portes-St-Sauveur, 32.
Laumonier, manuf. à Flers (Orne).
Laurent-Richard, rue de Tivoli, 91.
Laurent de Rillé, rue Fontaine-Saint-Georges, 1.
Lauzerand, pasteur, à Mazamet.
Lavaud, nég., r. du Ranelagh (Passy).
Lavaurs, rue Boissy-d'Anglas, 13.
Laveissière (E.), r. de la Verrerie, 58.
Laveissière (Jules), r. de la Verrerie, 58.
Laveissière (Jules), négociant en métaux, rue de la Verrerie, 58.
Laveissière père, admin. du Comptoir d'escompte, rue de la Verrerie, 58.
Laville, rue du Bac, 79.
Lavoisier (Eugène), filateur de coton, à Saint-Léger-du-Bourg-Denis.
Lavollée, anc. préfet.
Lazare Lantz, à Mulhouse.
Lebaudy, memb. du conseil municipal, rue de Flandre, 23.
Lebaudy, raff. de suc., r. de Flandre, 23.
Lebègue, rue Bellefond, 4.
Lebel (G.), architecte, r. Pierre-Picar, 5
Lebel, de la Chambre de commerce, quai d'Austerlitz, 19.
Lebel, prop., boul. Poissonnière, 28.
Le Biban, propriétaire, à Landerneau.
Leblanc (J.), passage du Désir, 6.
Lebon, fab. de boîtes, r. Bouchardon, 15.
Lebris (Mme), boul. Malesherbes, 87.
Lebrun, rue de Beaune, 1.
Lechatelier, ingénieur des Mines, rue Madame, 33.
Leclaire, entr de peint., r. St-Georges, 11.
Leclaire, Soc. de sec., r. St-Georges, 11.
Leclert (Ch.), notaire, à Charenton.
Leclère (le docteur), r. St-Lazare, 31.
Leclert, ingénieur de la marine, rue de la Banque, 8.
Leclert, nt en bois, Gde-Rue, 11 (Auteuil).
L'Ecole des Jésuites (le R. P. recteur de), à Vaugirard.
Lecrosnier (Michel-Louis), fab. de toiles cirées, rue Saint-Denis, 388.
Lecrosnier (Charles), fab. de toiles cirées, rue Saint-Denis, 338.
Ledieu, rue du Cloître-de-l'Horloge, à Amiens.
Ledoux Bedu, à St-Quentin.
Leduc, nég. en chapeaux de paille, rue Simon-le-Franc, 8.
Lefebvre-Ducatteau, man., à Roubaix.
Lefèvre, ent. de marb., b. Ménilmont., 87.
Lefevre (A.), boul. Sébastopol, 60.
Lefèvre-Chabert, chimiste, rue de Charenton, 171.

Lefèvre, fab. de vernis, r. d'Aboukir, 115.
Lefèvre (Ch.) et Cie, rue de Douai, 105, à Lille.
Lefranc, fab. de coul. r. de Turenne, 64-66.
Lefranc (Jules), ancien fabricant, boulevard Beaumarchais, 56.
Legavre, boul. de Sébastopol, 60.
Legendre, membre du Conseil municip., rue de Lancry, 17.
Legendre, nég., boul. Beaumarchais, 50.
Legendre, r. Saint-André-des-Arts, 49.
Legentil, membre du Comité consultatif des Arts et Manufact., r. Paradis, 51.
Legoux, à Corbeil (Seine-et-Oise).
Legras, rue Richer, 48.
Legrand (A.), rue de l'Arcade, 22.
Legrand, avocat, rue des Ecoles, 6.
Legrand (A.), rue Bergère, 26.
Lehideux, banq., r. de la Banque, 16.
Lehoult, rue de Cléry, 17.
Lelogeais, nég., port de Bercy, 12.
Lelogeais (Mme), r. Gallois, 30 (Bercy).
Lely (Jean-Marie), rue des Colonnes.
Lemaigre, rue de Birague, 14.
Lemaignen, fab. de drap à Lisieux.
Lemaire (Mme), rue Oberkampf, 22.
Lemaire (Melle), rue Oberkampf, 22.
Lemaire, fab. de jum., r. Oberkampf, 22.
Lemaire Sandras, à l'Isle-Adam (Seine-et-Oise).
Lemaltre Demeistère, manufacturier, à Halluin (Nord).
Lemaréchal (Lucien), rue Chapon, 3.
Lemaréchal (Melle), rue Chapon, 3.
Lemercier (Vte A.), quai d'Orsay, 17.
Lemercier, lithographe, r. de Seine, 57.
Lemoine (Mme E.), rue Saint-Hippolyte, 19 ou 29, à Passy.
Lemoine, fabricant de meubles, rue des Tournelles, 17.
Lemoine Montigny, r. de la Tour, 61, à Passy-Paris.
Lemoine Montigny (C.), rue de la Tour, 75, à Passy.
Lemoine-Montigny (D.), rue de la Tour, 75, à Passy.
Lentaigne, notaire, r. Louis-le-Grand, 11.
Lenzeler, boulev. de la Madeleine, 15.
Léon, ancien président de la Société philomathique à Bordeaux.
Lepic (Aug.), à Sainte-Suzanne (Doubs).
Leplay (A.), place Saint-Sulpice, 6.
Le Pradon (Mme), Chaussée de la Muette, 16.
Lequien (A.), professeur à l'école Turgot, rue Turbigo, 69.
Lequien (Mme J.), r. des Petits-Hôtels, 19.
Lequien (J.), directeur d'une école de dessin, rue des Petits-Hôtels, 19.
Lereboulet, professeur, pl. du Broglie, à Strasbourg.
Lerechental (Haymann), rue de Montmorency, 16.
Lerechental, associé de M. Schloss, r. Chapon, 15.
Leroux, dépositaire de M. Bruzon, fab. de céruse, à Tours, r. Bourtibourg, 12.
Le Roy, maît. des requêtes au Conseil d'Etat, rue de Havre, 7.
Leroy (J.), fabricant de papiers peints, rue Lafayette, 170.
Leroy (Mme), château de la Madeleine (Boulogne-sur-Mer).

Leroy, chef d'institution, b. Arago, 95.
Le Roy (Paul), capitaine aux lanciers, avenue de la Motte-Piquet, 10.
Le Roy (Charles), agent de change, rue Boissy-d'Anglas, 30.
Leroy d'Etiolle (R.), docteur, rue de Londres, 50.
Le Roy Dufour, ancien manufacturier, fab. de papiers peints, r. de Paradis, 2.
Leroy-Durand, f. de bougies stéariques, à Gentilly.
Lesage, chef d'instit., r. des Minimes, 12.
Lescot, avocat, en Allemagne.
Letellier-Delafosse, secrétaire général du créd. fonc. de France, r. de Douai, 13.
Letellier-Delafosse père, r. Blanche, 59.
Letestu, fab de pompes, r. du Temple, 112.
Lethière, rue Notre-Dame-de-Lorette, 58.
Letourneur (Jacques), directeur du Crédit Lyonnais, à Lyon.
Leuilleux (l'abbé), à Boulogne-sur-Mer.
Levaigneur (F.), r. de Grammont, 16.
Levaigneur (Mme F.), r. Grammont, 16.
Levaigneur (Mlle), r. de Grammont, 16.
Levaigneur (Mme) mère, boulevard Malesherbes, 52.
Levasseur et Lecarpentier, à Lisieux.
Levasseur, prof. de des. r. St Elisa. 12.
Le Verrier, de l'Institut, rue des Saints-Pères.
Levier, s-dir. du Créd. fonc., r. Duphot, 18.
Levillain, administ. au Comptoir d'escompte, rue Marignan, 16.
Levy, r. de la Roquette, 58.
L'Hermitte, fab. de coffres-forts, boul, Beaumarchais, 44.
L'Huillier, nég. en fourr., r. Drouot, 28.
Liébig, Johan à Reichenberg (Bohême-Autriche).
Liebig (Mme la be), correspondant à Reichemberg (Bohême-Autriche).
Liétard (Mme), avenue du Roule, 69.
Lis, fabricant de drap, à Lisieux.
Lycée Bonaparte.
Lyon-Allemand (Mme Ve et fils), rue de Montmorency, 13.
Lœwenguth, manufactur, à Strasbourg (Robertsau).
Loiseau (Mme), boulevard Magenta, 8.
Longagne, Faubourg-Poissonnière, 51.
Loreau (A.), r. de la Tour-d'Auvergne, 26.
Lorme (A. de), r. de la Beaume, 4.
Lossier (L.), de la maison Siemens et Halske, à Berlin.
Lossier, monteur en boîtes, rue du Seuget, à Genève.
Loubié frères, filateurs, à Laquière, par Mazamet.
Lourde Dourich, filateur à Mazamet.
Lourdel, joaillier, rue d'Hauteville, 52-68.
Lourdes (Ch.), filateur à Mazamet.
Louvell, fab. de cartons, r. Grenétat, 34.
Louvet, président du Tribun. de comm., rue Bergère, 26.
Loyer (H.), à Lille.
Loys (F. de), fil. route de Caen à Rouen.
Loysel, admin. de la Cie d'assurances marit., avenue des Champs-Elysées, 12.
Luchaire, rue Erard, 25-27.
Luke-Turner, Deacon street Leicester.
Lung fr., à Moussey, pr. Sénones (Vosges).
Luquet, courtier en vins, boulevard Beaumarchais, 50.

Lusson, peintre-verrier, r. Laval, 21 *bis*.
Lutier et C°, imprimeurs, r. Delaborde, 34.
Maas, dir. de la C° l'Union, r. de la Banq., 15.
Maoé (Jean), à Biblenheim (Ht-Rhin).
Maës, f. de crist., c¹ des Petites-Ecuries, 9.
Maffre (E.), à Aussillon, par Mazamet.
Maffre (Elie), maire d'Aussillon, par Mazamet (Tarn).
Magnier, rue des Bourdonnais, 31.
Maignen (Maurice), direct. du cercle des jeun. ouvr., boul. Montparnasse, 102.
Maillard, ancien négociant, cité Malesherbes, 6 *ter*.
Maillard (Mlle), cité Malesherbes, 6 *ter*.
Maillard (Mlle J.), cité Malesherbes, 6 *ter*.
Maillard (Mlle M.), cité Malesherbes, 6 *ter*
Maillet, libraire, rue Tronchet, 15.
Maistre, manuf., à Villeneuvette, par Clermont (Hérault).
Maitre, bij. or, r. des Gravilliers, 30.
Malescourt, à Saint-Etienne.
Mallard, fab. de savons, route d'Orléans, 104 (Montrouge).
Mallet (Alph.), de la chambre de commerce, rue d'Anjou-St-Honoré.
Mallet, nég., boul. de la Villette, 54.
Mallet-Bachelier, r. de Médicis, 17.
Mallet (de Saint-Quentin), directeur de la Compag^e des schistes de Colombes, à Colombes.
Malouet (B^on), rue Bellechasse, 6.
Malpas-Duché, route d'Orléans, 93.
Mame fils, imprimeur, à Tours.
Mame père, imprimeur, à Tours.
Mandet, pharmacien, à Tarare.
Mannoury, Wolff et C°, fab. de papiers, r. du Grand-Chantier, 8.
Mansire, nég., rue Caumartin, 9.
Marais (E.), rue Larochefoucauld, 14.
Marbeau, présid. de la Soc. des crèches, rue Joubert, 7.
Marbot (Mme la baronne A. de), rue Duphot, 13.
Marcelin aîné, rue de Turbigo, 40.
Marchand, anc. maire, anc. droguiste, rue de Rivoli, 232.
Marchand, verrier, à Saint-Ouen, 6, avenue du Port.
Marchand (E.), nég., rue Chapon, 50.
Maréchal, man., r. de la Chaussée-d'Antin, 27.
Marès, corr. de l'Institut, à Montpellier.
Marès (L.), pr^e, à Montpellier (Hérault).
Marès (Mme), à Montpeleir (Hérault).
Marès (Léon), à Montpellier (Hérault).
Marestaing de Mauran (Hippolyte), directeur de la Préservatrice, boulevard des Capucines, 35.
Marguerin, dir. de l'école Turgot, rue Turbigo, 69.
Margueritte, chimiste, r. St-Honoré, 203.
Mariage (H.), négociant en thés, rue du Cloître-St-Méry.
Mariage (A.), boul. Sébastopol, 6.
Marie, principal du collége de Milhau.
Marie fils, r. Neuve-des-Petits-Champs, 64.
Marienval, fab. de fleurs, président du Conseil des Prud'hommes, rue Saint-Denis, 354.
Marini, ing^r des P^s et Ch^es., r. Larochefoucauld, 35.
Marjolin (D^r), rue Chaptal, 16.
Marjolin (Mme V^e), rue de la Paix, 1.

Marnas, teinturier, à Lyon.
Marozeau, Gsos, Roman et C°, à Wesserling.
Marqfoy, ing. des Ponts et Chaussées, rue de la Tour-des-Dames, 8.
Martel Catala, fab. de toiles métalliques, à Schelestadt (Haut-Rhin).
Marti (P.), manufacturier en horlogerie, à Montbéliard (Doubs).
Martin Lebas, orfèvre, rue du Cloître-Notre-Dame, 20.
Martin, à Tarare (Rhône).
Martin, fabricant de literie, boulevard Voltaire, 27.
Martin (Félix), r. Villers, 30 (Ternes).
Martini (Mme), rue de Provence, 62.
Martougen, fab. de machines à coudre, boul. de Strasbourg, 57.
Massagnon, anc. phar., r. Perrault, 4.
Masse, avoc., prés. de la Comm. admin. des Arts-et-Métiers, à Strasbourg.
Massières, fabricant d'étain en feuilles, rue St-Martin, 220.
Massignon, rue de la Reynie, 19.
Masquelier fils, au Havre.
Massu (Robert de), manuf., distillateur de mélasse, à Rocourt, St-Quentin.
Massu, avocat, r. Richelieu, 108.
Masurier, armateur, rue d'Aumale, 16, au Havre.
Mathieu, ingénieur au chemin de fer du Midi, r. Casimir-Périer, 27.
Mathieu, ing. pour la manuf. des tabacs, à Dieppe.
Mathieu Dolfus, ad^r, av. Marignan, 1.
Mathieu Plessy, fab. de produits chimiques, boul. St-Germain, 84.
Mathieu fils, manuf., à Ste-Marie-aux-M.
Mathilde (princesse).
Mauguin, rue d'Aboukir, 60.
Maurel (F.), anc. manuf., grand'rue de la Chapelle, 17, (Paris).
Maurice, inspecteur-adjoint du travail des enfants, rue Bonaparte, 44.
May (H.), étud. en droit, r. Théyenot, 14.
May (E.), rue Théyenot, 14.
Mayer, parf^r, boul. de Strasbourg, 37.
Mayer (Ph.), nég. en métaux, Faubourg Saint-Denis, 103.
Mayeur, nég., rue Linné, 18.
Mayeur fils, nég., rue Linné, 18.
Maymel, boulevard Malesherbes, 35.
Mazaroz-Ribaillier, r. Ternaux-Popincourt, 4.
Meignan, pr^e, rue du Bac, 40.
Meinsohn, fabricant de tuiles à Cernay (Haut-Rhin).
Méjanel, pasteur, à Mazamet.
Melun (Vte de), r. St-Dominique, 76.
Ménage, r. Neuve-des-Petits-Champs, 63.
Menegoz, maison Risler et Menegoz, à Guebwiller.
Ménier, nég. en produits chimiques et pharm., r. Ste-Croix-de-la-Bretonn., 37.
Menuisier (L.), quai Bourbon, 10 (île Saint-Louis).
Méquillet, Roblot et Cie, à Héricourt (Haute-Saône).
Mer, présid. du Conseil des Prud'hom., quai Voltaire, 19.
Méraux (A.), fab. de coul., r. Sévigné, 52.
Mercier, directeur de la Société d'Ourscamp, par Carlepont (Oise).

Mercier, rue d'Enghien, 48.
Merner de Mérode (Cte), rue de Grenelle, 87.
Merruau, rue de Chabrol, 45.
Méry Samson, à Lisieux.
Meys, syndic, boulev. Magenta, 59.
Meys (Mme).   »   »
Michal, ing. en ch. des ponts et chauss. rue du Regard, 5.
Michaut, b. St-Michel, 81.
Michaut, de la manufac. de cristaux de Baccarat, rue de Paradis, 30 *bis*.
Michel, ing^r au c^{al} du Midi à Montpellier.
Michel, négociant, rue Lafayette, 75.
Midocq, fabricant de trousses de voyage, rue du Temple, 151.
Mieg et Ce (Ch.), à Mulhouse.
Migné, r. des Deux-Portes-St-Sauveur, 36.
Migneret, r. des Sts-Pères, 12.
Millaud, directeur du *Petit Journal*, rue Lafayette, 61.
Milled, rue St-Maur-Popincourt, 174.
Milled (Mme), r. St-Maur-Popincourt, 174.
Millescamps, boul. Malesherbes, 19.
Millet (D^r), à Tours.
Millet, rue de Saintonge, 26.
Milliot, rue de la Grange-Batelière, 8.
Mimerel et fils, à Roubaix.
Ministre de l'Instruction publique (S. Exc. le,), rue de Grenelle.
Miran, président de la Chambre consultative des Arts-et-Manuf., à Mazamet.
Mirault (H.), Fbg-Poissonnière, 23.
Miton, hôtel de Paris, à Vizille (Isère).
Mohler fils, à Obernay (Haut-Rhin).
Moisset, r. Neuve-des-Petits-Champs, 63.
Moisson, courtier d'assur. maritime, r. Caumartin, 22.
Molinié, filateur, à Mazamet.
Moll, rue Neuve-de-la-Pelouse, 9.
Mollet Desjardins, rue Henri IV, à Amiens.
Mondollot fils, fabricant d'appareils gazogènes, r. du Château-d'eau, 94-96.
Monduit, plomb., boul. de Courcelles, 86.
Monjean, direct. du collége Chaptal, rue Blanche, 29.
Monnier (F.), maître des requêtes au conseil d'Etat, av. Percier, 19,
Monnier (l'abbé), directeur de l'Œuvre de la jeunesse, à Saint-Etienne.
Monot, maître verrier, à Pantin (Seine).
Montaudon, fab. de ressorts de montres, rue Oberkampf, 13.
Montbazon (Mme de), r. Montmartre, 65.
Montchicourt, fabricant de plumes métalliques, r. Vieille-du-Temple, 110.
Montgolfier, fab. de pap., r. Palestro, 39.
Monthiers, chez M. Alabarbe, rue des Lombards, 33.
Montsarrat, méd. des enfants, à Mazamet.
Moreau père, du conseil général de l'Aisne, r. de la Victoire, 98.
Moreau fils, juge au Tribunal de commerce, r. de la Victoire, 98.
Moreau (Mme E.), r. Joubert, 35.
Moreau (P.) père, r. de la Victoire, 98.
Moerau (P.), rue de la Victoire, 98.
Moreau (Mme F.), r. de Londres, 29.
Moreau (Mme A.), r. de Londres, 29.
Moreau (A.), rue Saint-Georges, 3.
Moreau-Chaslons fils, b. Haussmann, 98 *bis*.

Morel, manuf., à Melun-s-Yèvre (Cher).
Morel, propriétaire, à Ville-Parisis (Seine-et-Marne).
Morel, fab. d'amidon, au Vert-Galant, près Saint-Denis (Seine).
Morel-Molsch, à Cernay.
Moréno Henriquez, r. de la Douane, 4
Morin (E.), rue Larochefoucauld, 14.
Mornand (J.), ent^r, à Vizille (Isère).
Motte (A.), teint.-apprêteur, à Roubaix.
Mouchon, graveur, rue Saint-André-des-Arts, 27.
Mouchy (le duc de) fils.
Mouchy (duchesse de), boulevard de Courcelles (Parc-Monceau).
Mouchy (duc de), rue de l'Elysée, 2.
Moullé (L.), rue Saint-Sabin, 66.
Mourceau, rue du Mail, 27.
Moyse, fabricant de brosses, rue de Saintonge, 10.
Muller (A.), ancien juge au Tribunal de commerce, rue de Londres, 56.
Muller, ing., fab. de poteries, rue des Martyrs, 19.
Murat (princesse), avenue Montaigne, 2.
Muron (Mme C.), boul. Malesherbes, 25.
Muron (C.), boul. Malesherbes, 25.
Muron (P.) fils, boul. Malesherbes, 25.
Muron (A.) fils, boul. Malesherbes, 25.
Muron (M.) fils, boul. Malesherbes, 25.
Mutiaux (E.), étud. en droit, r. d'Hauteville, 66.
Najean, manuf., rue de Cléry, 4 *bis*.
Napoléon Kœnig et Cie, manuf., maison Napoléon Kœnig, à Sainte-Marie-aux-Mines (Haut-Rhin).
Nattan (Georges), r. de Grammont, 16.
Naud, membre de l'Union nationale, rue Saint-Lazare, 77.
Nélaton (Le D^r), avenue d'Antin, 1.
Neveu (Baron), adm. de la Cie des omnibus, boulevard des Invalides, 16 *bis*.
Newel, fab. de pap. peints, r. Martel, 5.
Newton Scott (C.), rue Royale-Saint-Honoré, 14.
Niclot (Edm.), nég., rue du Temple, 55.
Nicolle, verrier, à Aubervilliers.
Niel, négociant en tissus de laine, rue du Mail, 27.
Ninet, propriétaire, rue du Transit, 103.
Noël (Ch.), banquier, Faubourg-Poissonnière, 9.
Noël, rue du Regard, 5.
Noël (C^{ir}), rue Neuve-des-Capucines, 22.
Normand frères, à Romorantin (Loir-et-Cher).
Normant, négociant, rue de Rivoli, 57.
Noue (Vic. de la), r. de Courcelles, 20.
Obenderfer, (H.), rue de l'Entrepôt, 38.
Oberthur, imprimeur, à Rennes.
Odiot, orf^{re}, rue Basse-du-Rempart, 72.
Ogier, boulevard du Temple, 11.
Ogerau, tann., r. des Petites-Ecuries, 30.
Ollivier (Elysée), fabricant de tapis, à Aubusson.
Ollivier (Emile), ex-ministre de la Justice et des Cultes.
Ollivier (Mme Emile).
Olombel fils, fabricant, à Mazamet.
Olombel, maire de Mazamet.
Onfroy, rue de Grammont, 13.
Oppermann et Strohl, nég., à Mulhouse.

Orsat, fabricant de céruse, rue de la Victoire, 29.

Oudry, route de Versailles (Auteuil-Paris), rue Hérold, 16.

Ouvriers de la maison Christofle et Cie, rue de Bondy, 56.

Pacon, fab. de papiers peints, rue de Reuilly, 70.

Padoue (le duc de), r. de Courcelles, 45.

Pagel, maire de l'île Saint-Denis.

Paillard, fabricant de bronze, rue St-Claude, 8.

Paillard (Elie), fab. de tissus de caoutchouc, rue Rambuteau, 40.

Pallu, rue Taitbout, 68.

Pamar (V.) r. Notre-Dame-des-Victoires, 42.

Pamar, courtier de commerce, rue de la Victoire, 42.

Paraf (B.), à Mulhouse.

Paraf-Javal, imprimeur sur tissus, à Thann (Haut-Rhin).

Pareau et Cie, clouterie, à Montbéliard (Doubs).

Parent et **Lemaire**, fil^{rs} de coton à Roubaix.

Parfoury, marbrier, r. St-Sabin, 62.

Paris (Ch.), maître verrier, au Bourget.

Paris (Mme), au Bourget (Seine).

Paris (Ch.), au Bourget (Seine).

Pariot-Laurent, prés. de la chambre syndicale de la passementerie, rue du Sentier, 37 *bis*.

Parisot, rue de la Paix, 28.

Pasdeloup, rue des Petites-Ecuries, 28.

Pasquier, m^d de soies, r. St-Denis, 200.

Pasquier, fabricant de papiers, à Beauchin, par Loulaye-l'Abbaye (Orne).

Passy (L.), rue de Clichy, 45.

Patinot (Georges), rue du Ranelagh, 25 (Passy Paris).

Paullet, Delanoix et **Coulliez**, laines et tissus, à Tourcoing et à Roubaix.

Paulmier, député du Calvados, boulev. Poissonnière, 25.

Payen, nég. en soies, rue de Cléry, 9.

Payen (Mlle), r. Violet, 77, à Grenelle.

Peghaire, de la m^{on} Froment Meurice, rue Saint-Honoré, 372.

Pellerin (fils), marchand de graisse, rue Quincampoix, 9.

Pelletereau (Mme), à Château-Renault.

Pelouze (E.), adm^r de la Cie du gaz, rue de l'Université, 17.

Pelpel, nég., r. du Renard-St-Merri, 10.

Penicaud et **Naude**, r. des Jeûneurs, 28.

Penon (Henri), Faubourg-St-Honoré, 11.

Penot, Dr de la Société industrielle de Mulhouse.

Pereire (E.) fils, boul. Malesherbes, 88.

Pereire (G.), Faubourg-St-Honoré, 35.

Pereire (E.), ingénieur civil, boulevard Malesherbes, 88.

Pereire (H.), Faubourg-St-Honoré, 35.

Périé (Augustin), propr^e, à Mazamet.

Périer (Ch.), place de la Madeleine.

Périn (Jules), avocat, juge-de-paix, suppléant du 5e arr., rue des Ecoles, 8.

Péronne, ancien avoué, rue Saint-Honoré, 265.

Perrault-Courtois, rue Lafayette, 41.

Perrier, rue de Marignan, 25.

Perrin (le docteur), membre de la Com. des log. insalubres, r. de Turenne, 68.

Pesier, chimiste, à Valenciennes.

Petau de Maulette, rue Raynouard, 69, (Passy).

Petit (Ch.), négociant en fleurs, rue Neuve-des-Capucines, 9.

Petit, (G.), à Louviers.

Petiteau (C.), joaillier, rue Scribe, 4.

Peugeot, manuf^er, à Valentigny (Doubs)

Peyron frères, papetiers, à Vizille (Isère).

Philipeau (Bern.) Président du Conseil des Prud'hommes de Romilly-s-Seine (Aube).

Philippi, fab. joaillier, r. de Richelieu, 19.

Philipps, ing. en chef des mines, aven. Montaigne, 48.

Piault (Alfred), fab. de bretelles, rue d'Hauteville, 18.

Picard, éditeur, r. des Petites-Ecuries, 19.

Picault fils, coutelier, r. Dauphine, 46.

Picquefeu (V.), boulevard Sébastopol, 40.

Piednoir, président du Conseil des Prud'hommes, à Laval (Mayenne).

Pierre (C.), rue du Château-d'eau, 98.

Pillet, Chef de division au ministère de l'Instruction publique, r. Rougemont, 6.

Pilter, fabricant de machines agricoles, quai Jemmapes, 212.

Pillevuyt, fabricant de porcelaine, rue de Paradis, 46.

Pinard, direct^r du Comptoir d'escompte, rue du Conservatoire, 5.

Pinot et **Sagaire**, fabricants d'imageries, à Epinal.

Pinson (Eugène) nég., rue du Caire, 48.

Pitet, fab. de pinceaux, r. St-Denis, 24.

Piver (L.), à Saint-Maur-les-Fossés.

Piver (A.), boul. Magenta, 8.

Piver (Al.), rue du Pont, 36, à Créteil.

Piver, parfumeur, boul. de Strasbourg, 10.

Plarr, teinturier, à Saint-Dié (Vosges).

Plarr Boechler, filat^r, à Haysersberg (Haut-Rhin).

Pleyel Wolff, fabricant de pianos, rue Rochechouart, 22.

Plichon, f^r en fer, rue du Chemin-Vert, 99.

Plon, imprimeur, r. Garancière, 8-10.

Plouvier, direct^r de la Cie d'assurances, place de la Bourse, 8.

Poiret, fab. de fil de laine, boul. de Sébastopol, 27.

Poirier, rue d'Hauteville, 49.

Poirrier, fab. de couleurs d'aniline, rue d'Hauteville, 49.

Poitevin (Ch.), prés. de la chambre consultative, à Louviers.

Pombas, constr^r mécanicien, à Reims.

Pommier (Ch.), fab. de produits chimiques, rue Barbette, 2.

Ponchain (Victor), à Armentières (Nord).

Ponche et **Vasseur**, à Amiens (Somme).

Porcher, Directeur de l'école Turgot, rue de Turbigo, 69.

Poriquet de Maison-Neuve, receveur économe de l'asile de Vincennes, à Saint-Maurice, près Charenton.

Portier (l'abbé), direct^r du patronage de Laroche-Guyon.

Portz (Mlle), à Versailles.

Possoz, rue Bayard, 5.

Poulain de la Dreu, rue Jacob, 41.

Poulot, constructeur-mécanicien, avenue Trudaine, 8.

Poussin (A.), manuf., secrétaire de la chambre consultative, à Louviers.

Poussielgue Rusand, rue Cassette, 15.
Pouyer-Quertier, ministre des Finances.
Poyard, Faubourg-Saint-Martin, 138.
Poyard, rue Poissonnière, 24.
Pretavoine, maire de Louviers.
Prestat (Mme), à Pontoise.
Prestat, procureur de la République, à Château-Thierry.
Prévot, décorateur en porcelaine, rue Claude Villefaux, 6.
Prévot, place du Louvre.
Prieur de la Comble fils, rue de Rivoli, 79.
Prudon, fab. de produits chimiques, rue de Vitry, à Ivry.
Puech frères, fab., à Mazamet.
Quenot (L.), manuf. fab. de chapeaux, rue Aubriot, 8.
Quesnault, banquier, aux Andelys (Eure).
Quesné (H.), député, r. de Varennes, 88.
Quetelard, direct^r de l'Ecole Commerciale, avenue Trudaine.
Quevermont (Mme), rue Portalis, 9.
Rabeau, rue Lhomond, 26.
Rabois de Boisserolles, directeur du Patronage Saint-Germain, boulevart St-Michel, 79.
Raederer et Cie (J), à Mulhouse.
Raffy, conseiller d'arrondissement, à Etrépagny (Eure).
Raffy, rue Taranne, 19.
Raguet-Lépine, à Renay, par Peron (Loir-et-Cher).
Raimbert, membre de la Chambre de commerce, boulev. de Strasbourg, 19.
Raingo (V.), rue Vieille-du-Temple, 102.
Rallet (A.), propriétaire, à Grenoble.
Ramade, avocat, à Mazamet.
Ramousset, rue Crétet, 5.
Rapet, rue de la Visitation, 6.
Ratisbonne (E.), boul. Haussmann, 86.
Raynaud, parfum., r. St-Honoré, 207.
Reber (J. G.), teinturier, à Sainte-Marie-aux-Mines (Haut-Rhin).
Regel (de), manuf., filature et tissage, à Lutzelhausen (Bas-Rhin).
Regneau (Paul), à Beaune (Côte-d'Or).
Regneau, anc. brasseur, à Castel (Dijon).
Regnier (J.), rue Vieille-du-Temple, 30.
Renard, rue de Bondy, 66.
Renard, entrepreneur de travaux, rue d'Astorg, 31.
Renault (Mme), r. des Saints-Pères, 52.
Renouard, rue de Grammont, 3.
Reuil (l'abbé), à Lyon (Vaise).
Reverchon (Honoré), directeur de la Compagnie des forges d'Audincourt, à Audincourt.
Rhoné (Ch.), Faubourg-Saint-Honoré, 55.
Rhoné Pereire (Melle), Fbg-St-Honoré, 39.
Rhodé, nég. en soies, r. du Caire, 2.
Richard aîné, rue de Turenne, 69.
Richard (J.), rue de Tivoli, 6.
Riché (L.), nég. rue de Belzunce, 20.
Richebois, fabricant de pendules, rue Saint-Anastase, 23.
Ricord, tanneur, rue Alibert prolongée Popincourt, 74.
Ricord (Docteur) de l'Académie de médecine, rue de Tournon, 6.
Riéder (Amédée), à l'île Napoléon, près Mulhouse.
Riéder aîné, boulevard Magenta, 37.

Riéger (Mme), née Palalzky, à Prague (Bohême).
Riess (Charles), fils, fab. de gélatines, à Dieuze (Meurthe).
Rimailho, fabricant d'allumettes, rue Rambuteau, 20.
Rimmel, parfumeur, boulevard des Italiens, 17.
Riottot, fab. de papiers peints, rue de la Victoire, 12.
Risler et Cie, à Cernay.
Ritteau, filateur de laine, rue St-Maur.
Rivarol (Comte de), r. de Turenne, 39.
Rives (Ulysse) fabricant, à Mazamet.
Rivet, principal du collège de Bagnols (Gard).
Robert, Directeur de la Compagnie l'*Union*
Robert et Collin, place de l'Ecole-de-Médecine, 6.
Robert (V.), à Guebwiller.
Robert-Houdin, boul. Haussmann, 48.
Robin (Ch.), rue Gracieuse, 32.
Robin, directeur du patronage Saint-Joseph, à Versailles.
Robin (Mme v^e), place St-Jean, à Dijon.
Robiquet (Paul), rue Madame, 40.
Rochard, de la Belle-Jardinière, quai de la Mégisserie, rue du Pont-Neuf, 2.
Roohe (P^l.) fils, avoué, r. de Grammont, 3.
Rochetaillée (Baron de Vital de), rue Saint-Dominique, 35, ou château de Nantas par Terre-Noire (Loire).
Rohart, fab. d'engrais, r. Legendre, 55.
Rolland, direct^r g^al des Manuf. de l'Etat, rue de Grenelle, 10.
Rollin, Sous-dir. de la Cie d'assurances : *La France*, rue de Châteaudun, 24.
Rondeau et Bidault, rue du Château-d'Eau, 78.
Rondelet, chasublier, r. Bonaparte, 74.
Rondillon, ébéniste, r. Caumartin, 9.
Roret, libraire, rue Hautefeuille, 12.
Rose, dir^r des ventes de Baccarat, rue de Paradis, 30.
Rosenfeld (Jules), rue Condorcet, 31.
Rosset (Mme), boulevard Haussmann, 103.
Rosset, boulevard Haussmann, 103.
Rossi (Le chevalier Alexandre), député au Parlement italien, à Schio (Vénétie).
Rossignol, négociant, à Cette (Hérault).
Rossignol (Fréd.), président de la Société prot. du trav., r. d'Amsterdam, 3.
Roswag et fils, fabricants de toiles métalliques, à Schlestadt (Bas-Rhin).
Rothschild (A. de), rue St-Florentin, 2.
Rothschild (Baron James-Nathaniel de), Faubourg-Saint-Honoré, 33.
Rottschild (Gustave de), rue Laffitte, 23.
Roucher d'Aubanel.
Rousseau (H.), négociant, rue des Fossés-Saint-Bernard, 22.
Rousseau, fabricant de produits chimiques, rue des Ecoles, 44.
Rousset, boulevard Haussmann, 135.
Rousseil (Gaspard), constructeur-mécanicien, à Mazamet.
Rouvenat, fab. joaillier, r. d'Hauteville, 62.
Rouvière-Houlès, prop., à Mazamet.
Roy, négociant, rue Saint-Florentin, 2.
Rudelle (Théodore), substitut du procureur de la République, à Rambouillet (Seine-et-Oise).

Sahler (L.), filat., à Audincourt (Doubs).
Sahler pasteur, anc. insp. du trav. des enf. dans les man , à Montbéliard (Doubs).
Saint-Claire Deville (H), r. Madame, 47.
Saint-Mauris (de), r. Saint-Dominique, 33.
Saint-Léger (V.), membre du conseil général de la ch. de comm. de Lille.
Saint-Paul (de), avenue Gabriel, 42.
Saint-Père, architecte, fondateur de la maison de retraite pour la vieillesse, rue Jacob, 1.
Saint-Père (fils), rue Jacob, 1.
Sajou, dessinateur en broderies, rue des Anglaises, 20.
Sakakini (J.), place de la Madeleine, 16.
Sakakini (M.), rue Auber, 5.
Sallandrouze de Lamornais (fils), maire d'Aubusson.
Salleron, fabricant d'instruments de précision, rue Pavée, 24 (au Marais).
Salomon, courtier, à Cette (Hérault).
Sandras, ancien recteur. r. Bonaparte, 45.
Sandras (Mme) rue Bonaparte, 45.
Sandt (de), propr., rue de Grammont, 11.
Sangé, administrateur du Bureau de bienfaisance, faub. du Temple, 52.
Sangnier, négociant, r. de Varennes, 86.
Sarrail (A.), président de la chambre syndicale des entrepreneurs de peinture, rue des Ayres, 63, à Bordeaux.
Sarrebourse d'Hauteville, raffineur, à Aubervilliers, route de Flandre, 86.
Sauvage, rue Taitbout, 91.
Sauvage, directeur du chemin de fer de l'Est, rue Taitbout, 91.
Savart, fabricant de chaussures, rue Saint-Martin, 123.
Say, raffineur de sucre, boulevard de la Gare-d'Ivry, 109.
Say (Léon), préfet de la Seine, rue Labruyère, 45.
Scellos, fabricant de cuirs, boulevard Voltaire, 74.
Schaffers, à l'usine de Portillon (Tours).
Schæffer, fabricant de bijoux, rue aux Ours, 61.
Schivarz (M. de), rue Laffitte, 21.
Schloss (Wam), rue de l'Entrepôt, 38.
Schloss (Simon), fabricant de porte-monnaie, rue Chapon, 15.
Schlumberger (H.), maire de Guebwiller (Haut-Rhin).
Schlumberger (A.), à Guebwiller (Nord).
Schlumberger Sterner et Cie, à Mulhouse.
Schneider, directeur du Creusot.
Schœnauer (Daniel), r. de la Banque, 14.
Schœffer (G.), à Dornach (Mulhouse).
Schoubart (Charles) fils, filateur, à Ste-Croix-aux-Mines (Haut-Rhin).
Schouller (E.), tisseur, à Geisselbronn (Bas-Rhin)
Sciama frères, marchands de diamants, rue d'Hauteville, 40.
Séguier (A.). f. de literie, r. Cadet, 24.
Seligmann frères, agents de change, rue Drouot, 4.
Serrurier (Comte), rue d'Argenson, 1.
Seydoux, rue de Paradis, 23.
Sichel (Ed.), boul. de Strasbourg, 105.
Siéber, régent de la Banque, rue de Paradis, 23.
Siegfried (J.) à Mulhouse.

Signol, membre de l'Institut, rue d'Assas, 84.
Simon (J.), place de la Madeleine, 10.
Simon, const de mach. à St-Dié (Vosges).
Singer (Henri), rue de la Chaussée-d'Antin, 64.
Six Lefèbvre fils, filat., à Tourcoing.
Société La Progressive, rue des Rosiers, 33.
Société La Philadelphienne, Epuration d'huile de pétrole, rue de la Chaussée-d'Antin, 15.
Société des houillères de Bonchamp, M. le directeur, (Haute-Saône).
Société de la Vieille-Montagne, rue Richer, 17.
Soliliac, à Saint-Etienne.
Somasco (Ch.), ingénieur civil, rue du Chemin-Vert, 42.
Sommier fils, raffineur, r. de l'Arcade, 22.
Soudée, négociant, rue de Biron-Saint-Antoine, 222.
Soulier (Ch.), à Lyon.
Souplet, à Saint-Quentin.
Spément, lieutenant de vaisseau, rue de Châteaudun, 30.
Sriber, commiss. en articles de caoutchouc, rue de Turbigo, 18.
Stehelin, (Ed.), Bitschwiller (Ht-Rhin).
Stehelin frères, filateurs, à la Chartreuse, près Strasbourg.
Stein (A.) fab. de cordages, a Mulhouse.
Steinbach Kœchlin et Cie, à Mulhouse.
Steinheil, à Rothau (Vosges).
Steiner (L.) Maison V. L. Steiner et Co, manufacturier, tissage, à Ste-Marie-aux-Mines (Haut-Rhin).
Steiner (Ch.), teinture et impression, à Ribeauville (Haut-Rhin).
Stern, graveur, pass. des Panoramas, 47.
Stopin (P.), président du Conseil des Tissus, rue Saint-Hippolyte, 43.
Strobel (J.), filateur de laine, à Wasselonne (Bas-Rhin).
Strohl (G.) fils, fr, à Ste-Marie-aux-Mines.
Surloppe, directeur de la cristallerie Saint-Louis, rue de Paradis, 30.
Suzor (A.), boulevard Sébastopol, 62.
Taborin, fab. de limes, Petite-Rue-Saint-Pierre-Amelot, 62.
Tachard, à Nidersmorschwiller.
Tahan, boul. des Italiens, 11
Tailbouis, manufacturier en bonneterie, rue des Bourdonnais, 30.
Tailbouis (A.), rue Tronchet, 18.
Tailbouis (Mme), rue Tronchet, 18.
Tardieu, doct., r. Saint-Honoré, 364.
Tarney, nég., boul. Sébastopol, 36.
Tavernier, trésorier de l'œuvre Saint-Nicolas, rue Neuve-des-Capucines, 20.
Teisserenc (Jules), maire de Lodève (Hérault).
Teissonnière, quai de la Rapée, 44.
Tenré fils, banquier, rue Laffitte, 13.
Terme, député, av. des Ch.-Elys., 47.
Terninck, fab. de sucre, à Rouez, par Villequier-Aumont (Aisne).
Teroud, rue Halévy, 6.
Tessereau, doct., rue de l'Abbaye, 12.
Tessier (F.), nég., Port de Bercy, 12.
Teste, manuf. d'épingles à tête d'émail, a Lyon (Vaise)

Teutsch (Ed.), verrerie de Lochberg.
Thénard (baron), de l'Institut, place St-Sulpice, 6.
Thénard (Arn), place Saint-Sulpice, 6.
Thévenot (Arsène), vérific. des poids et mesures, à Troyes (Aube).
Thibault (Mme), r. des Feuillantines, 91.
Thibaudière (de la), propriétaire, rue Monsigny, 9.
Thiboumery, ancien manufacturier, rue de Vaugirard, 190.
Thiébault (V.), fon. Fau. St-Denis, 144.
Thil, rue du Bac, 110.
Thiriez père et fils, filateurs à Lille.
Thierry-Mieg et Cie, à Mulhouse.
Thomas, banquier, bd Haussmann, 103.
Thorel, propriét., rue du Sentier, 11.
Thuret (Mme, née Fould), rue de Courcelles, 12.
Thouvenin, directeur de la verrerie de Wallerysthal (Meurthe).
Thurneyssem Pereire, Faubourg-St-Honoré, 35.
Tiercinier, représentant de fabrique, r. Thévenot, 16.
Tignet (Mlle L,), rue de Douai, 41.
Tignet (Mlle M.), rue de Douai, 41.
Tiphaine, bijoutier, quai Bourbon, 19.
Tirant (Gilbert), rue Madame, 43.
Tissier, au Conquet (Finistère.)
Tissier, rue de Charenton, 296, Bercy.
Tixier, rue du Pont-de-Lodi, 5.
Tofflin, fab. de tulles, à Caudry (Nord).
Tollu, notaire, rue Sainte-Anne, 69.
Tonnelier, fab. de papier, r. Mazarine, 12-14.
Torchon, rue Jacob, 19.
Touaillon fils, boul. Sébastopol, 72.
Toulouse et Rives, fab. à Mazamet.
Toussaint, maire de Flers (Orne).
Toussaint (Ch.) et Cie, fab. de tissus, à Sainte-Marie-aux-Mines.
Tourneux, rue Saint-Jean-Baptiste, 8.
Trapps, à Mulhouse.
Tréfousse (Jules), fabricant de gants, à Chaumont (Haute-Marne).
Tréfousse (Julien), fabricant de gants, à Chaumont (Haute-Marne).
Trélat, direct. de l'Ecole d'architecture, rue d'Enfer, 59.
Trelon, rue Desborde-Valmore (Passy).
Tresca, sous-directeur du Conservatoire des Arts-et-Métiers, rue St-Martin, 292.
Tresca, rue d'Aboukir, 14.
Trèves (A.), rue du Sentier, 16.
Trieffus et Ettlinger, r. du Temple, 103.
Trille, syndic au Trib. de Commerce, rue Saint-Honoré, 217.
Trille (P.), rue Saint-Honoré, 217.
Trille (E.), rue Saint-Honoré, 217.
Triquetti (Baron de), prés. du patronage de l'Egl. réformée, rue de Berlin, 8.
Troost, professeur au lycée Bonaparte, rue Saint-Florentin, 16.
Trouillet, rue Jacob, 1.
Truchon frères, rue Guillaume, 1, île Saint-Louis.
Truelle, droguiste, r. de la Verrerie, 15.
Tulpin (Const.) et frères, mécaniciens, à Rouen.
Turner (Archibald), manufact., à West Leigh Leicester.
Turpault (Alex.) jeune, tissage, à Cholet.

Turquetil, fabricant de papiers peints, boul. Voltaire, 208.
Union (l'), compagnie d'assurances sur la vie, rue de la Banque, 15.
Vacquerel, fabricant de papiers de couleurs, rue Réaumur, 31.
Vafflard, d. des pompes funèbres, rue Alibert, 10.
Valazé, général, à Rouen.
Valentin, nég., quai d Orléans, 14.
Vallée (O. de), premier avocat général, rue de la Pompe, 153 (Passy).
Valois (de), boul. Malesherbe, 77.
Vaillant (Armand), fab. de confections pour femmes, rue des Tournelles, 1, Faub.-Saint-Antoine, 205.
Vandendorfel, rue Chapon, 3.
Vanderheim, rue Mansart, 6.
Varax (l'abbé de), directeur de Notre-Dame-des-Champs, rue Saint-Aignan, 15, à Angers, (Maine-et-Loire).
Varennes (Mis de), av. de la Reine-Hort., 9.
Varin, rue des Bourdonnais, 20.
Varin fils, rue des Bourdonnais, 20.
Vaucher (E.), à Mulhouse.
Vaudeau (Benjamin), red Gross square 17. E. C. Londres.
Vaudrey, rue des Saussaies, 14.
Vaugeois, b. Montparnasse, 170.
Vaury, boulanger, r. St-Honoré, 400.
Vautrin, bijoutier, r. Montmartre, 157.
Vavin, rue d'Albouy, 25.
Vée (Ch.), r. Vieille-du-Temple, 24.
Vedles, fab. de produits chimiques, rue du Bac-d'Asnières, à Clichy.
Vélin, manufact. de draps à Rambervillers (Vosges).
Vene-Houles, fabricant, à Mazamet.
Verdavainne, r. du Grand chantier, 1.
Verdé-Delisle (P.), r. de la Bourse, 12.
Verdé-Delisle (A.), r. de la Bourse, 12.
Verdier frères, fabricants, à Mazamet.
Vernes, banquier, rue Drouot, 20.
Vernes, pasteur, rue de l'Hôtel-de-Ville, 7, (Batignolles).
Véron (A.), maire de Maison-Alfort, avenue du Coq, 6.
Veyrat père, orfèvre, rue du Château-d'Eau, 34.
Veyrat fils, orfèvre, rue du Château-d'eau, 34.
Veyrat fils aîné, orfèvre, rue du Château-d'Eau, 34.
Vidal (A), homme de lettres, à Mazamet.
Vidal (E.), filateur, à Mazamet.
Vidmer, filateur, à Essonne.
Vieillard Migeon, forges de Morvillars (Haut-Rhin).
Vignat (Claudius), Bourg-rgental (Loire).
Vignaux (E.), négociant, r. des Francs-Bourgeois, 34.
Viguerie (Mme), rue Laborde.
Villamson, quai d'Orsay, 103.
Villemain, boul. Saint-Germain, 46.
Villeminot (J.), faub. du Temple, 70.
Vilmorin (H.), quai de la Mégisserie, 36.
Viol, rue d'Aboukir, 23.
Viot, fabricant de bronzes, boulevard des Italiens, 24.
Vinaugé, fabricant de garnitures de lampes, rue des Gravilliers, 22.
Vinchon et Cie, filateurs, à Roubaix.

Vintry (J.), memb. de la ch. de comm., pl. de la Miséricorde, 2, à Lyon.
Voilléreau, rue Chapon, 42.
Wallaert frères, filateurs, à Lille.
Wallerand, teinturier, à Cambrai.
Walcker, rue Rochechouart, 52.
Walter, fabricant de verres de montres, rue Saint-Martin, 55.
Walther, négociant, à Reims.
Warnier, à l'île St-Denis.
Warsquet, rue du Mail, 23.
Weber et Cie, à Sainte-Marie-aux-Mines.
Weill, fab. de boutons, rue Bleue, 29.
Weisgerber, à St-Pierre, près Barr (Bas-Rhin).
Weisgerber et Kiéner, manufacturiers à Ribeauville (Haut-Rhin).
Weldon, rue Perrault, 6.
Werth (E), manufacturier à Ste-Marie-aux-Mines.

Wheeler et Ce (Thomas), manuf., Goldsmith street, Cheapside, Londres, E. C.
Widmer et Couleru, nég., à Mulhouse.
Wild et Lindel, à Mulhouse.
Winnerl, horloger-mécanicien, avenue de l'Observatoire, 43.
Wolff, boulevard Beaumarchais, 101.
Wolff Thierry (Fréd.), rue d'Altkirch, à Mulhouse.
Wolowski, de l'Institut, r. de Clichy, 49.
Worms, rue Scribe, 5.
Yekiche (Mlle), rue Béranger, 8.
Zegut, à Tusey, près Vaucouleurs.
Zengerlé, organiste, à Sarralbe, Sarreguemines (Moselle).
Zimmermann (Mme), rue d'Aumale, 15.
Zoyer, teinturier, à Ste-Marie-aux-Mines (Haut-Rhin).
Zuber (E.), à l'île Napoléon, près Mulhouse.
Zuber (Yvan), à Rixheim.

MEMBRES CORRESPONDANTS

CHARGÉS DE RÉUNIR LES RECETTES ET LES RENSEIGNEMENTS

NOMS.	CENTRES DE CORRESPONDANCE.
MM. AGARD	Marseille-Aix.
BOUCHEROT	Puteaux.
BRUZON	Tours.
CAILLE	Amiens.
CARTIER-BRESSON	Aubervilliers-Pantin.
COLCOMBET	Saint-Étienne.
COLLINEAU	Boulogne-sur-Seine.
COUTURIER	Vizille.
DELEROT	Versailles.
DIETSCH	Liepvre.
DUPONT	Lille-Roubaix.
ENGEL-DOLLFUS	Mulhouse.
ESTELLE	Mazamet.
GILLET	Lyon.
GUILLEMINOT	Saint-Denis.
LECLAIRE	Charenton (Seine).
LEMAIGNIEN	Lisieux.
MARÈS	Montpellier.
PARIS	Le Bourget.
PIVER	Saint-Maur (Seine).
PRETAVOINE	Louviers.

Œuvre de l'Échange des Comptes rendus.

Il existe en France un grand nombre d'œuvres de charité qui publient
périodiquement des comptes rendus, des rapports, etc. Ces publications con-
tiennent souvent des idées excellentes, remarquables par leur caractère
pratique, et qu'il est très-important de faire connaître pour en généraliser
l'application. L'*Œuvre de l'échange des comptes rendus* a pour but de centra-
liser ces publications pour les répartir ensuite entre toutes les œuvres. De
cette façon chacune profite du travail de toutes, et les bonnes idées qui
naissent sur un point sont bientôt connues et appliquées partout. Cette œuvre
a beaucoup servi au progrès mutuel des institutions créées dans toute la
France en faveur de l'enfance ouvrière.

Œuvre du Patronage des Enfants étrangers.

L'industrie française est justement célèbre à l'étranger, et souvent des
enfants sont envoyés dans notre pays pour y faire leur apprentissage et
reporter ensuite dans leur patrie les connaissances techniques qu'ils ont
acquises chez nous. L'*œuvre du patronage*, en surveillant et en patronnant
ces enfants sans famille, assure leur éducation professionnelle et travaille
ainsi à affermir à l'étranger l'influence et la réputation de notre industrie. Ce
patronage, jusqu'à présent, a été surtout appliqué à de jeunes apprentis turcs.

Œuvre de l'Assistance judiciaire.
États civils et Tutelles.

L'exécution des contrats d'apprentissage et les accidents de fabrique
donnent lieu très-fréquemment, entre apprentis et patrons, à des difficultés
qui sont portées jusque devant les tribunaux. Le Comité judiciaire se met
gratuitement à la disposition de tous les intéressés pour agir dans un but de
conciliation et d'intervention médiatrice. Il s'attache avec un soin spécial à
sauvegarder les intérêts des enfants délaissés, choisit des tuteurs, et veille à
la composition des conseils de famille des apprentis orphelins.

Œuvre du Patronage des Enfants mutilés.

La statistique a démontré que les victimes des accidents de fabrique étaient
en immense majorité des apprentis, ce qui s'explique par leur inexpérience
et par l'imprudence naturelle à leur âge. Les apprentis devenus de jeunes
mutilés sont trop souvent, par le fait même de leur infirmité, condamnés à
la misère. Pour ne pas se laisser aller à un découragement qui perd leur
avenir, ils ont besoin de sentir auprès d'eux une affectueuse sympathie.
L'*Œuvre des jeunes mutilés*, à laquelle concourent de savants médecins,
veille immédiatement à la guérison la plus complète possible des mutilations;
elle fournit des membres artificiels aux amputés, et elle cherche à compenser
le malheur du jeune apprenti en lui trouvant une activité nouvelle en harmonie avec ses aptitudes; elle réussit parfois à faire profiter pour ainsi dire
l'enfant de l'accident qui l'a frappé en lui créant une position meilleure que
celle à laquelle il s'était destiné. L'Œuvre a déjà, dans ce sens, rendu des
services sérieux qui s'étendront de plus en plus.

Œuvres des Sociétés paternelles.

La *Société de Protection* a déjà suscité la création de *Sociétés paternelles*
dans plusieurs industries parisiennes; elle voudrait qu'aucune des industries
qui emploient des enfants ne restât étrangère au mouvement commencé si
heureusement et qui a déjà porté de si excellents fruits. Le papier peint, les
plumes et fleurs, l'ébénisterie, l'imprimerie et la librairie, la bijouterie, ont
donné un exemple qui sera suivi. Protection attentive des apprentis, sur-

veillance de leur éducation, fondation de cours et d'écoles spéciales, création
de concours avec récompenses importantes, tels sont quelques-uns des procédés
mis en usage par ces Sociétés. Susceptibles de recevoir les organisations les
plus diverses, elles réunissent tous les patrons d'une même industrie dans
une même pensée de bienfaisance et de morale qui, si elle était mise partout
en pratique, suffirait déjà à transformer profondément la condition de l'enfance ouvrière.

Œuvre des Institutrices de charité.

Dans bien des circonstances, des chefs d'atelier consentiraient volontiers à
faire donner à leurs apprentis l'instruction qui leur manque, s'ils trouvaient
facilement des professeurs peu coûteux qui consentissent à se prêter dans
leur enseignement aux nécessités de l'industrie. L'*Œuvre des institutrices de
charité* met à la disposition des industriels des institutrices qui donnent
gratuitement des leçons aux heures et aux conditions indiquées par les
patrons. Peu à peu, les chefs d'atelier reconnaissent les avantages de l'enseignement donné ainsi, et le nombre d'heures accordé à l'instruction grandit
insensiblement, au grand bénéfice et des enfants et des patrons.

Propagande pour le relèvement de l'âge d'admission dans les ateliers.

Retarder le moment où les enfants sont admis dans les usines et propager
le système du demi-temps, qui partage méthodiquement la journée entre
l'école et l'atelier, c'est là un des vœux les plus ardents de la *Société de
Protection*. Elle distribue dans ce but des *plaques de tôle émaillée*, destinées
à être placées à la porte des usines et qui portent chacune une de ces
deux inscriptions : ON NE PREND PAS D'ENFANTS AU-DESSOUS DE DOUZE ANS ; ou
bien : ON PREND DES ENFANTS DE 8 A 12 ANS POUR LA DEMI-JOURNÉE DE
TRAVAIL AVEC OBLIGATION DE PASSER A L'ÉCOLE L'AUTRE DEMI-JOURNÉE.

EXTRAIT DES STATUTS

La Société a pour but d'améliorer la condition des apprentis et des enfants
employés dans les manufactures, par tous les moyens qui, en respectant la
liberté de l'industriel et l'autorité du père de famille, agiront en conformité
de la pensée des lois sur l'apprentissage et sur le travail des enfants dans
les manufactures.

Pour être membre de la Société, il n'est pas nécessaire d'être manufacturier
ou d'employer des enfants à un titre quelconque, il suffit qu'on soit sym-
pathique à l'amélioration du sort des enfants.

Cotisation annuelle, 10 francs.
Souscription perpétuelle, 100 francs.

Tous les renseignements relatifs à la situation des enfants de
l'industrie, toutes les communications relatives à la rédaction
du *Bulletin* doivent être adressées à M. Ginestou, AGENT DE LA
SOCIÉTÉ, *Hôtel de la Société pour l'encouragement de l'industrie
nationale*, rue de l'Abbaye, 17, à Paris.

M. Ginestou reçoit personnellement les communications tous
les jours, de midi à 4 heures.

Tout les faits, notes et avis qui touchent aux questions de
l'apprentissage et du travail des enfants sont accueillis avec
reconnaissance par la *Société*.

www.ingramcontent.com/pod-product-compliance
Lightning Source LLC
LaVergne TN
LVHW021811170726
843503LV00007B/3144